पैसे का विज्ञान

Middle Class Trap से

Financial Freedom की सच्ची कहानी

यह पुस्तक उन सभी लोगों के लिए है
जो अपनी ज़िंदगी और अपनी सोच को बदलना चाहते हैं।

📍 *"यह सिर्फ पैसा नहीं... ज़िंदगी का Game है।"*

✍ हरेश पटेल

Welcome

प्रिय पाठक,

आपके हाथों में सिर्फ एक किताब नहीं...
बल्कि सोच बदलने की एक नई शुरुआत है।

"पैसे का विज्ञान"

आपको सिखाएगी कि
पैसा सिर्फ मेहनत से नहीं...

सही mindset और system से बनता है।

उम्मीद है यह पुस्तक आपकी जिंदगी में
Financial Freedom की नई रोशनी लाएगी।

हरेश पटेल

समर्पण (**Dedication**)

यह पुस्तक मैं अपने माता-पिता को समर्पित करता हूँ।
जिन्होंने कठिन परिस्थितियों में भी मुझे हार मानना नहीं सिखाया।

मेरी माँ, जिनका त्याग शब्दों से परे है...
और मेरे पिता, जिनकी मेहनत मेरी नींव बनी।

मेरे बड़े दो भाई और बहन को—
जिन्होंने मुझे सहारा दिया, उठाया और आगे बढ़ाया।

मेरी धर्मपत्नी, जिनके हाथों ने मुजे और मेरे दो बचोको प्यार से जिंदगी के हर मोड पे संभाल और संवारा।

और उन सभी लोगों को—
जिन्हें कभी कहा गया, “तुम नहीं कर सकते...”

प्रस्तावना (**Preface**)

क्या आपने कभी सोचा है—

आप मेहनत तो बहुत करते हैं... लेकिन पैसा फिर भी क्यों नहीं टिकता?
क्या आपने महसूस किया है कि—जितना आप कमाते हैं, उतना ही खर्च बढ़ जाता है?

अगर हाँ... तो यह किताब आपके लिए है।

यह सिर्फ पैसे की किताब नहीं है। यह मेरी ज़िंदगी की सच्ची कहानी है— संघर्ष, गिरावट, सीख और बदलाव की कहानी।

मैं किसी अमीर परिवार में पैदा नहीं हुआ था। मेरे पास resources नहीं थे... मेरे पास perfect शुरुआत नहीं थी...

लेकिन मेरे पास एक चीज़ थी—सीखने और बदलने की इच्छा।

इस किताब में आपको कोई theory नहीं मिलेगी जो सिर्फ सुनने में अच्छी लगे।

आपको मिलेगा—ज़िंदगी के असली अनुभव।

पैसे के असली नियम और वह mindset... जो आपकी दिशा बदल सकता है।

मैंने अपनी ज़िंदगी में एक बहुत बड़ी गलती की—

मैंने पैसे को देर से समझा।

मैं सालों तक वही करता रहा जो हर middle class इंसान करता है।

पढ़ाई → नौकरी → शादी → EMI → जिम्मेदारियाँ

और फिर एक दिन महसूस हुआ— मैं आगे नहीं बढ़ रहा...मैं सिर्फ घूम रहा हूँ।

यहीं से मेरी असली journey शुरू हुई।

मैंने किताबें पढ़नी शुरू कीं...नई चीज़ें सीखीं...और सबसे ज़रूरी—

मैंने अपनी सोच बदली।

आज मैं जो कुछ भी हूँ...वह किसी एक फैसले का परिणाम नहीं है।

यह छोटे-छोटे सही फैसलों का नतीजा है, जो मैंने समय के साथ लिए।

यह किताब लिखने का मेरा उद्देश्य सिर्फ एक है—

आपको वह सिखाना...जो मुझे पहले सीख लेना चाहिए था।

अगर आप—

- पैसे को समझना चाहते हैं
- middle class trap से बाहर निकलना चाहते हैं
- अपनी ज़िंदगी को control में लेना चाहते हैं
- तो यह किताब आपके लिए है।

लेकिन एक बात याद रखिए— सिर्फ पढ़ने से कुछ नहीं बदलता...बदलाव action से आता है।

इसलिए जब आप इस किताब को पढ़ें...

तो सिर्फ समझें नहीं— लागू करें।

आपकी ज़िंदगी बदल सकती है। और यह बदलाव शुरू होता है।

आपकी सोच से।

हरेश रतनशीभाई पटेल
(लेखक)

लेखक की बात (**Author Note**)

प्रिय पाठक,

यह किताब सिर्फ शब्दों का संग्रह नहीं है...यह मेरी ज़िंदगी के अनुभवों, संघर्षों और सीख का निचोड़ है।

मैंने यह किताब इसलिए नहीं लिखी कि आपको केवल ज्ञान दे सकूँ—बल्कि इसलिए लिखी है ताकि आप वह गलतियाँ न दोहराएँ, जो मैंने अपनी ज़िंदगी में कीं।

मैं एक साधारण परिवार से आता हूँ। मेरे पास शुरुआत में न पैसे थे, न resources...और बचपन में पोलियो जैसी चुनौती ने मेरे रास्ते को और कठिन बना दिया।

लेकिन समय के साथ मुझे एक बात समझ आई—

ज़िंदगी की सबसे बड़ी कमी पैसे की नहीं होती,
बल्कि सही सोच (Mindset) की होती है।

कई सालों तक मैं भी उसी रास्ते पर चला जिसे हम "normal life" कहते हैं—

पढ़ाई → नौकरी → शादी → जिम्मेदारियाँ → EMI

और एक दिन एहसास हुआ—
मैं आगे नहीं बढ़ रहा... बस एक चक्र में घूम रहा हूँ।

यहीं से मेरी असली journey शुरू हुई।

मैंने किताबें पढ़ीं... नई चीज़ें सीखीं...और सबसे ज़रूरी—
मैंने अपनी सोच को बदलना शुरू किया।
इस किताब में जो कुछ भी लिखा है—वह मैंने कहीं से copy नहीं किया है।
यह सब मैंने जिया है...समझा है...और अपने जीवन में लागू किया है।

अगर आप इस किताब को पढ़ रहे हैं, तो शायद आप भी अपनी ज़िंदगी में कुछ बदलना चाहते हैं।

और मैं आपसे एक ही बात कहना चाहता हूँ—बदलाव possible है।

लेकिन—

सिर्फ पढ़ने से नहीं... Action लेने से।

इसलिए जब आप इस किताब को पढ़ें, तो हर chapter के बाद खुद से एक सवाल पूछें—

"मैं आज क्या बदल सकता हूँ?"

अगर मेरी कहानी...या इस किताब की कोई एक बात भी आपकी सोच को बदल देती है—

तो समझिए, यह किताब सफल हो गई।

आपकी सफलता की कामना के साथ,

हरेश पटेल

अस्वीकरण (**Disclaimer**)

यह पुस्तक केवल शैक्षिक और जानकारी प्रदान करने के उद्देश्य से लिखी गई है। इसमें दी गई सभी जानकारियाँ, विचार और अनुभव लेखक के व्यक्तिगत अनुभव, अध्ययन और समझ पर आधारित हैं।

यह पुस्तक किसी भी प्रकार की वित्तीय, निवेश, कानूनी या पेशेवर सलाह (Professional Advice) नहीं है। पाठकों से अनुरोध है कि वे किसी भी प्रकार का निवेश या वित्तीय निर्णय लेने से पहले अपने वित्तीय सलाहकार (Financial Advisor) या संबंधित विशेषज्ञ से परामर्श अवश्य लें।

पैसे से जुड़े हर निर्णय में जोखिम (Risk) शामिल होता है। इस पुस्तक में बताए गए उदाहरण, रणनीतियाँ और विचार हर व्यक्ति की परिस्थिति, आय, जोखिम क्षमता और लक्ष्य के अनुसार अलग-अलग परिणाम दे सकते हैं। इसलिए लेखक किसी भी प्रकार के वित्तीय लाभ या हानि के लिए जिम्मेदार नहीं होगा।

इस पुस्तक में उपयोग किए गए कुछ उदाहरण, संदर्भ और कहानियाँ केवल समझाने के उद्देश्य से सरल या सामान्यीकृत (Simplified) रूप में प्रस्तुत की गई हो सकती हैं।

लेखक का उद्देश्य केवल पाठकों को जागरूक करना, उनकी सोच को सकारात्मक दिशा देना और उन्हें वित्तीय समझ के प्रति प्रेरित करना है—न कि किसी विशेष निवेश या योजना के लिए प्रेरित करना।

इस पुस्तक का उपयोग पूरी तरह पाठक की अपनी जिम्मेदारी पर आधारित है।

याद रखें:
ज्ञान तभी उपयोगी है जब उसे समझदारी और जिम्मेदारी के साथ लागू किया जाए।

अनुक्रमणिका (**Table of Contents**)

अध्याय 1

शुरुआत जो आसान नहीं थी।

(The beginning that was not easy)

सच तो यह है कि ज़िंदगी हर किसी को एक जैसे मौके नहीं देती। कुछ लोग पैदा होते ही दौड़ में सबसे आगे खड़े होते हैं, और कुछ लोगों को चलना सीखने से पहले ही गिरकर संघर्ष करना पड़ता है।

मेरी कहानी 1979 में गुजरात के कच्छ जिले के एक छोटे से गाँव से शुरू होती है।

एक साधारण किसान परिवार, जहाँ मेहनत बहुत थी, लेकिन परिणाम अक्सर शून्य होता था। खुद की ज़मीन थी, पर उसका पानी इतना खारा था कि वह सिर्फ फसल ही नहीं, उम्मीदों को भी धीरे-धीरे सुखा देता था।

हमारे घर में सुबह जल्दी उठना, खेत में काम करना और भगवान पर भरोसा रखना—यही जीवन था। लेकिन जब मेहनत के बाद भी फसल खराब हो जाती थी, तो वह सिर्फ आर्थिक नुकसान नहीं होता था, वह मन के अंदर एक कमी की भावना पैदा करता था।

यहीं से मेरे जीवन में "कमी की सोच" (Scarcity Mindset) का पहला बीज बोया गया।

1982 में, जब मैं सिर्फ 3 साल का था, मेरी ज़िंदगी ने एक ऐसा मोड़ लिया जिसे मैं कभी भूल नहीं सकता। मुझे **पोलियो** हो गया।

गाँव में कोई अस्पताल नहीं था। इलाज के लिए भुज जाना पड़ता था, जो हमारे गाँव से लगभग 85 किलोमीटर दूर था। उस समय यह दूरी सिर्फ किलोमीटर में नहीं, बल्कि संघर्ष में मापी जाती थी।

मेरे पिताजी खेती मे कोई फायदा ना होने के कारण उस समय गाँव में नहीं थे। वे शहर में मजदूरी कर रहे थे ताकि परिवार का खर्च चल सके। ऐसे में मेरी माँ ने जो किया, वह शब्दों में बयान करना आसान नहीं है।

हर हफ्ते, वह मुझे गोद में लेकर, गाँव में आने वाली एकमात्र सरकारी बस में बैठती थीं। वह सफर आसान नहीं था—भीड़, गर्मी, धूल और अनिश्चितता से भरा हुआ।

कई बार भुज पहुँचने के बाद अस्पताल में इतनी भीड़ होती थी कि उसी दिन इलाज नहीं हो पाता था। तब उन्हें रात वहीं रुकना पड़ता था। एक छोटी सी धर्मशाला में, जहाँ सुविधा कम और हिम्मत ज्यादा थी।

गाँव में मेरे भाई-बहन चाचा के घर रहते थे। घर पर गाय-भैंस भी थीं, जिनकी जिम्मेदारी भी मेरी माँ के कंधों पर थी।

- *एक तरफ बीमार बच्चा...*
- *दूसरी तरफ पूरा परिवार...*
- *और बीच में एक माँ का अटूट साहस।*

आज भी जब मैं उस समय को याद करता हूँ, तो समझ आता है—

मेरी असली ताकत मेरे शरीर में नहीं, मेरी माँ के त्याग में थी।

शुरुआत जो आसान नहीं थी।

उस समय पूरे राज्य में पोलियो का असर था। मेरे गाँव में भी कई बच्चे इससे प्रभावित हुए थे। समाज में एक अजीब सा माहौल था—डर, असहायता और अनिश्चितता।

लेकिन उससे भी ज्यादा खतरनाक था लोगों का नजरिया।

"बिचारा" - एक ऐसा शब्द जो चुभता था

जैसे-जैसे मैं बड़ा होने लगा, लोग मुझे देखकर कहते—
"बिचारा... यह बड़ा होकर क्या करेगा?"

शायद वे सहानुभूति दिखा रहे थे, लेकिन उन शब्दों का असर मेरे अंदर गहराई तक जा रहा था।

ये सिर्फ शब्द नहीं थे... ये मेरे अवचेतन मन में डाले जा रहे 'सीमित करने वाले विश्वास' (Limiting Beliefs) थे।

Joseph Murphy अपनी पुस्तक The Power of Your Subconscious Mind में लिखते हैं:

"आपका अवचेतन मन उस उपजाऊ जमीन की तरह है, जिसमें जो भी विचार बोया जाएगा, वही वास्तविकता बनकर उगेगा।"

उस समय मुझे यह समझ नहीं था, लेकिन आज मैं जानता हूँ कि समाज के वे शब्द मेरे अंदर एक ऐसी कहानी लिख रहे थे जिसमें मैं खुद को कमजोर मानने लगा था।

लेकिन कहानी का दूसरा पक्ष भी था।

मेरा परिवार मेरे लिए ढाल बनकर खड़ा था।

मेरे बड़े भाई मुझे कंधों पर बैठाकर स्कूल ले जाते थे। मेरी बहन मेरा सहारा बनती थी।

उन्होंने मुझे कभी यह महसूस नहीं होने दिया कि मैं दूसरों से अलग हूँ।

जब दुनिया मुझे "कमजोर" कह रही थी, तब मेरा परिवार मुझे "सक्षम" बना रहा था।

बचपन में मैंने एक चीज़ बहुत जल्दी सीख ली थी—
ज़िंदगी कभी भी आपके हालात देखकर आपको मौका नहीं देती। आपको अपने हालात के बावजूद आगे बढ़ना पड़ता है।

उस समय मुझे यह नहीं पता था कि यह सब मुझे किस दिशा में ले जा रहा है। मुझे सिर्फ इतना पता था कि मुझे चलना है—चाहे धीरे-धीरे ही क्यों न हो।

आज जब मैं पीछे मुड़कर देखता हूँ, तो समझ आता है कि—

- वह खारा पानी...
- वह पोलियो...
- वह संघर्ष...

ये सब मेरे खिलाफ नहीं थे। ये सब मुझे तैयार कर रहे थे।

Robert Kiyosaki कहते हैं:

"ज़िंदगी आपको धक्का देती है। कुछ लोग हार मान लेते हैं, और कुछ लोग उसी धक्के से आगे बढ़ना सीख जाते हैं।"

मेरे जीवन में भी वह धक्का बहुत जल्दी आ गया था।

लेकिन शायद उसी धक्के ने मुझे गिरने के बजाय संभलना सिखाया।

यह कहानी सिर्फ मेरी नहीं है।

यह उन सभी लोगों की कहानी है जिन्हें कभी यह कहा गया कि

"तुम नहीं कर सकते।"

और अगर आपने भी कभी यह सुना है...
तो यह किताब आपको यह सिखाने के लिए है—

कि कैसे अपने अंदर की उस आवाज़ को बदलना है...
और कैसे अपनी किस्मत को खुद लिखना है।

अगले अध्याय में हम बात करेंगे उस बचपन के संघर्ष की...
जहाँ सिर्फ शरीर नहीं, बल्कि मन भी लड़ रहा था।

शुरुआत जो आसान नहीं थी।

सबसे बड़ी लड़ाई बाहर नहीं... अंदर शुरू होती है।

अध्याय 2

बचपन का संघर्ष (मानसिक ब्लूप्रिंट की नींव)

(Foundation of the Mental Blueprint)

बचपन... यह शब्द सुनते ही ज़्यादातर लोगों के मन में खेल, हँसी और बेफिक्री की तस्वीर उभरती है। लेकिन हर किसी का बचपन ऐसा नहीं होता।

बचपन का संघर्ष – मानसिक ब्लूप्रिंट की नींव
(Foundation of the Mental Blueprint)

कुछ बचपन ऐसे होते हैं जहाँ खिलौनों से पहले ज़िंदगी की सच्चाई हाथ पकड़कर चलना सिखाती है।

मेरा बचपन भी कुछ ऐसा ही था।

जब 1993 हमारा परिवार उत्तर गुजरात की ओर शिफ्ट हुआ, तब मेरे जीवन का संघर्ष सिर्फ शारीरिक नहीं रहा, बल्कि मानसिक भी बन गया। वहाँ का माहौल अलग था। लोग मेहनती थे, लेकिन जीवन का पैमाना भी साफ था—जो शारीरिक रूप से मजबूत है, वही आगे बढ़ सकता है।

ऐसे माहौल में, एक ऐसा बच्चा जो पहले से ही शारीरिक चुनौती से जूझ रहा हो, उसके लिए अपनी जगह बनाना आसान नहीं होता।

लोग मुझे देखते, थोड़ी देर रुकते और फिर सहानुभूति भरे स्वर में कहते—

"बिचारा... यह क्या कर पाएगा?"

शायद उनके लिए यह एक सामान्य और मानवता की बात थी, लेकिन मेरे लिए यह शब्द धीरे-धीरे मेरे अंदर उतर रहे थे।

ये शब्द सिर्फ सुनाई नहीं देते थे... ये मेरे अंदर एक कहानी लिख रहे थे।

धीरे-धीरे मैंने महसूस किया कि दुनिया आपको वैसे नहीं देखती जैसे आप खुद को देखते हैं। दुनिया आपको आपके हालात के आधार पर देखती है। और अगर आप सावधान नहीं हैं, तो वही बाहरी नजरिया आपके अंदर की सच्चाई बन जाता है।

इसी दौरान मेरे अंदर एक अजीब सा डर पैदा होने लगा।

"अगर मैं असफल हो गया तो?"
"क्या मैं कभी कुछ कर पाऊँगा?"

यह सवाल अब बाहर से नहीं आ रहे थे, ये मेरे अपने मन की आवाज़ बन चुके थे।

पिताजी लकड़ी काटने के कारखाने में मजदूरी करने लगे...और माँ ने घर संभाला...

मेरे बड़े भाई और बहन आर्थिक स्थिति खराब होने के कारण ज्यादा पढ़ नहीं पाए...

उन्होंने घर की जिम्मेदारी उठाई। लेकिन उन्होंने मुझे पढ़ाया।

स्कूल दूर था... तो मुझे स्कूल से एक free tricycle मिली...

जिससे मैं स्कूल जाता था।

मेरा एक जीगरी दोस्त था—अश्विन परमार...जो आज एक सफल और आदर्श शिक्षक है।

उसके कंधों का सहारा लेकर मैंने 12वीं तक की पढ़ाई पूरी की।

यही वह समय था जब मेरे अंदर एक मानसिक ब्लूप्रिंट (Mental Blueprint) तैयार हो रहा था—एक ऐसा ढांचा जो तय करता है कि आप अपने बारे में क्या सोचते हैं और अपने जीवन से क्या उम्मीद रखते हैं।

Joseph Murphy अपनी पुस्तक The Power of Your Subconscious Mind में लिखते हैं:

"आपका अवचेतन मन वही स्वीकार करता है जो आप बार-बार उसे बताते हैं, और अंततः वही आपकी वास्तविकता बन जाता है।"

उस समय मुझे यह समझ नहीं थी, लेकिन आज मैं जानता हूँ कि समाज के वे शब्द, वे नजरें, और वे अनुभव—सब मिलकर मेरे अवचेतन मन में एक सीमित सोच (Limiting Belief) का बीज बो रहे थे।

लेकिन हर कहानी का एक दूसरा पहलू भी होता है।

जहाँ एक तरफ समाज मुझे सीमित कर रहा था, वहीं दूसरी तरफ मेरा परिवार मुझे संभाल रहा था।

मेरे भाई-बहन मेरे साथ खड़े थे। उन्होंने मुझे कभी अकेला महसूस नहीं होने दिया। उन्होंने मुझे यह एहसास दिलाया कि मैं कमजोर नहीं हूँ....

बस अलग हूँ—और यह अलग होना ही एक दिन मेरी ताकत बन सकता है।

धीरे-धीरे मेरे अंदर एक और समझ विकसित होने लगी।

मैंने अपने आसपास के लोगों को ध्यान से देखना शुरू किया।

मैंने देखा कि कुछ लोग दिन-रात मेहनत करते हैं, फिर भी उनके हालात नहीं बदलते। वहीं कुछ लोग कम मेहनत करके भी धीरे-धीरे आगे बढ़ रहे थे।

यह मेरे लिए एक नया सवाल था—
क्या सिर्फ मेहनत ही सफलता की गारंटी है?

इसी सवाल का जवाब मुझे बाद में समझ आया।

Morgan Housel अपनी किताब The Psychology of Money में लिखते हैं:

"वित्तीय सफलता इस बात पर निर्भर नहीं करती कि आप कितने होशियार हैं, बल्कि इस पर निर्भर करती है कि आप कैसा व्यवहार करते हैं।"

यह विचार मेरे लिए बिल्कुल नया था।

मैंने महसूस किया कि समस्या सिर्फ मेरे शरीर में नहीं थी, बल्कि उस सोच में भी थी जो मुझे आगे बढ़ने से रोक रही थी।

बचपन के उन्हीं सालों में मैंने एक बहुत गहरी बात समझी—

दुनिया आपको सीमित कर सकती है,

लेकिन असली सीमा आप खुद तय करते हैं।

अगर आप खुद को कमजोर मान लेते हैं, तो दुनिया आपको कभी मजबूत नहीं बनने देगी। लेकिन अगर आप अपने अंदर विश्वास पैदा कर लेते हैं, तो वही दुनिया एक दिन आपको अलग नजर से देखने लगती है।

आज जब मैं उस समय को याद करता हूँ, तो मुझे दर्द नहीं होता। मुझे समझ आता है कि वही संघर्ष मेरे लिए एक ट्रेनिंग था।

वही बचपन, जिसने मुझे कमजोर दिखाया...

उसी ने मेरे अंदर सबसे मजबूत नींव रखी।

यह अध्याय सिर्फ एक कहानी नहीं है।

यह एक सच्चाई है—
कि हमारा बचपन हमारे जीवन का नक्शा बनाता है।

लेकिन याद रखिए—

नक्शा आपको दिशा देता है... मंजिल नहीं।

मंजिल तक पहुँचना आपके फैसलों पर निर्भर करता है।

अगले अध्याय में हम बात करेंगे उस अंदरूनी लड़ाई की, जो बाहर से दिखाई नहीं देती... लेकिन इंसान की पूरी ज़िंदगी की दिशा तय कर देती है।

अध्याय 3

अंदर की लड़ाई (The Inner Battle)

मन की जंग, जो कोई नहीं देखता-

कई लोग सोचते हैं कि ज़िंदगी की सबसे बड़ी लड़ाई बाहर होती है—पैसों की, हालातों की, या लोगों की।
लेकिन सच्चाई इससे बिल्कुल अलग है।

ज़िंदगी की सबसे कठिन लड़ाई बाहर नहीं...

अंदर होती है।

मेरे लिए भी यह लड़ाई बहुत जल्दी शुरू हो गई थी।

बचपन से ही मैं शारीरिक रूप से दूसरों से अलग था। चलने में दिक्कत थी, संतुलन बनाना आसान नहीं था। स्कूल में बच्चे दौड़ते थे, खेलते थे, और मैं अक्सर उन्हें दूर से देखता था।

धीरे-धीरे मैंने खुद को दूसरों से अलग मानना शुरू कर दिया।

किसी ने सीधे कुछ नहीं कहा...
लेकिन अंदर एक आवाज़ बार-बार कहती थी—

"तू दूसरों जैसा नहीं है..."
"तू नहीं कर पाएगा..."

यही वह आवाज़ थी जिसने मेरी असली लड़ाई को जन्म दिया।

मैं बहुत शर्मीला हो गया था। लोगों से बात करने में डर लगता था। किसी ग्रुप में खड़ा होना भी मुश्किल लगता था।

मैं बाहर से शांत था...लेकिन अंदर एक तूफान चल रहा था।

एक तरफ डर था—दूसरी तरफ एक छोटी सी उम्मीद भी थी।

इसी दौरान मेरी ज़िंदगी में एक छोटा सा मौका आया—कबड्डी खेलने का। पहली नजर में यह मेरे लिए असंभव लग रहा था।
एक ऐसा खेल जिसमें दौड़ना, पकड़ना और संतुलन बनाना जरूरी होता है। लेकिन मैंने कोशिश की।

शुरुआत में मैं गिरा... कई बार गिरा। लोग हँसे भी होंगे, शायद। लेकिन इस बार मैंने हार मानने के बजाय खुद को समझाना शुरू किया।

धीरे-धीरे मुझे एहसास हुआ—

मेरे पैर भले ही कमजोर थे... लेकिन मेरे हाथ मजबूत थे।

मैं तेजी से नहीं दौड़ सकता था, लेकिन मैं हाथों से पकड़ सकता था... मजबूती से पकड़ सकता था।

यहीं से मेरी सोच बदलनी शुरू हुई।

मैंने पहली बार समझा—

***कमज़ोरी हमेशा हार नहीं होती...
अगर आप उसे सही दिशा दें, तो वही आपकी ताकत बन सकती है।***

इस छोटे से अनुभव ने मेरे अंदर एक नया विश्वास पैदा किया।

मैंने महसूस किया कि मैं पूरी तरह कमजोर नहीं हूँ।
मेरे अंदर भी कुछ खास है—बस मुझे उसे पहचानना है।

James Clear अपनी किताब Atomic Habits में लिखते हैं:

"हर छोटी जीत आपके अंदर एक नई पहचान (Identity) बनाती है।"

कबड्डी में मिली यह छोटी-छोटी जीतें मेरे लिए बहुत बड़ी थीं। उन्होंने मेरे अंदर एक नई पहचान बनानी शुरू कर दी—

एक ऐसे इंसान की, जो हार नहीं मानता।

लेकिन यह लड़ाई खत्म नहीं हुई थी।

बाहर की दुनिया अब भी वही थी। लोग अब भी वैसे ही थे। हालात भी ज्यादा नहीं बदले थे।

लेकिन एक चीज़ बदल रही थी—

मैं खुद।

मैंने अपने अंदर की उस आवाज़ को पहचानना शुरू किया जो मुझे रोकती थी।

जब वह कहती—
"तू नहीं कर सकता..."

तो मैं खुद से कहता—
"मैं कोशिश तो कर सकता हूँ।"

यह एक छोटा सा बदलाव था, लेकिन इसका असर बहुत बड़ा था।

Napoleon Hill लिखते हैं:

"मन वही मानता है, जिसे आप बार-बार सोचते और महसूस करते हैं।"

मैंने पहली बार अपने विचारों पर ध्यान देना शुरू किया।
मैंने समझा कि अगर मैं खुद ही अपने खिलाफ सोचता रहूँगा, तो दुनिया मुझे कभी आगे नहीं बढ़ने देगी।

धीरे-धीरे मेरे अंदर एक नई सोच बनने लगी—

मैं अलग हूँ... लेकिन कमजोर नहीं।
मेरी गति धीमी हो सकती है... लेकिन मेरी दिशा सही हो सकती है।

आज जब मैं उस समय को याद करता हूँ, तो समझ आता है—

वह लड़ाई किसी और से नहीं थी। वह लड़ाई मेरे अपने डर, मेरे अपने विचारों और मेरे अपने विश्वासों से थी।

और उसी लड़ाई ने मुझे एक सबसे बड़ा सबक सिखाया—

अगर आप अपने मन को जीत लेते हैं, तो दुनिया की कोई भी लड़ाई मुश्किल नहीं रहती।

यही अंदर की लड़ाई आगे चलकर मेरी सबसे बड़ी ताकत बनी।

क्योंकि एक बार जब आपने खुद को हरा दिया...
तो दुनिया आपको कभी हरा नहीं सकती।

अगले अध्याय में हम उस पल के बारे में बात करेंगे जिसने मेरी सोच को पूरी तरह बदल दिया—
एक छोटी सी घटना... लेकिन उसका असर बहुत बड़ा।

अध्याय 4

सोच बदलने का पहला पल।

(Turning Point)

ज़िंदगी में कुछ पल ऐसे होते हैं जो देखने में बहुत छोटे लगते हैं, लेकिन उनका असर पूरी ज़िंदगी पर पड़ता है।

मेरे जीवन में भी एक ऐसा ही पल आया—जिसने मेरी सोच को अंदर तक झकझोर दिया।

यह घटना मेरे कॉलेज के दिनों की है। 1997 मे मुजे Pharmacy में admission मिला...

और मैं आदिपुर (कच्छ) के कॉलेज में पढ़ने चला गया।

मैं हॉस्टल में रहता था। वहाँ का माहौल बिल्कुल अलग था—हर कोई अपनी दुनिया में व्यस्त, अपने-अपने सपनों के पीछे भागता हुआ। मैं भी उन्हीं में से एक था... लेकिन अंदर से अब भी वही पुराना डर और झिझक मौजूद थी। वहाँ भी संघर्ष खत्म नहीं हुआ।

पिताजी सिर्फ कालेज और हॉस्टल की फीस दे सकते थे...

पॉकेट मनी(Pocket Money) जैसा मेरे जीवन कुछ था ही नहीं।

कई बार ऐसा होता था—

सुबह सिर्फ आधा कप चाय... और बिना नाश्ते के दिन की शुरुआत होती थी।

एक दिन हॉस्टल में दोस्तों द्वारा “बर्थडे लिस्ट” बनाई जा रही थी।

यह एक सामान्य सी बात थी—हर छात्र का नाम लिखा जा रहा था और उसके सामने उसकी जन्मतिथि(Birth Date)।

साथ ही यह भी तय हो रहा था कि जन्म दिन पे किसे और कहा पार्टी देनी होगी।

मैं भी वहीं खड़ा था, चुपचाप।

जब लिस्ट मेरे सामने आई, तो मैंने ध्यान से देखा—

हर नाम के सामने कुछ लिखा था... तारीख और स्थल।

लेकिन मेरे नाम के सामने सिर्फ एक निशान था— “X”

पहले तो मुझे समझ नहीं आया। फिर धीरे-धीरे बात साफ हुई।

उस “X” का मतलब था—

यह लड़का पार्टी देने की हैसियत नहीं रखता।

उस एक निशान ने मेरे अंदर कुछ तोड़ दिया।

यह सिर्फ एक अक्षर नहीं था... यह मेरे आर्थिक हालात का खुला ऐलान था।

उस पल मुझे पहली बार यह महसूस हुआ—

गरीबी सिर्फ जेब में नहीं होती... यह लोगों की नजरों में भी दिखाई देती है।

मैं वहाँ खड़ा था...लेकिन अंदर से पूरी तरह हिल चुका था।

शर्म थी... गुस्सा था... दर्द था...

और सबसे ज्यादा—एक सवाल था।

"क्या मैं हमेशा ऐसा ही रहूँगा?"

उस दिन मैंने किसी से कुछ नहीं कहा।

लेकिन उस रात मैं सो नहीं पाया।

मैं बार-बार उसी "X" को याद कर रहा था।

जितना मैं उसे भूलना चाहता था,

वह उतना ही मेरे अंदर गहराई से बैठता जा रहा था।

कभी-कभी ज़िंदगी आपको ऐसे झटके देती है जो आपको गिराने के लिए नहीं, बल्कि जगाने के लिए होते हैं।

और शायद वह "X" मेरे लिए वही झटका था।

Robert Kiyosaki कहते हैं:

***"ज़्यादातर लोग अपनी समस्याओं से भागते हैं,
जबकि सफल लोग उन्हीं समस्याओं का सामना करके
आगे बढ़ते हैं।"***

उस रात मैंने पहली बार अपनी स्थिति से भागने के बजाय उसे स्वीकार किया।

मैंने खुद से एक सच्चा सवाल पूछा—

“अगर मैं बदलना चाहता हूँ, तो मुझे क्या बदलना होगा?”

यहीं से मेरे अंदर एक नया विचार पैदा हुआ—

समस्या मेरी परिस्थिति नहीं है...

समस्या यह है कि मैं उसे बदलना नहीं जानता।

Morgan Housel लिखते हैं:

“वित्तीय सफलता इस बात पर निर्भर नहीं करती कि आप कितना कमाते हैं, बल्कि इस पर कि आप अपने व्यवहार को कैसे नियंत्रित करते हैं।”

उस समय मैं कुछ कमाता नहीं था...

लेकिन पहली बार मुझे यह समझ आया कि असली बदलाव पैसे से पहले सोच में आता है।

उस “X” ने मुझे दो रास्ते दिखाए—

पहला रास्ता था—

खुद को उसी नजर से देखना जैसे दुनिया देख रही थी और वही जीवन जीते रहना।

दूसरा रास्ता था—

उस निशान को चुनौती देना और अपनी कहानी खुद लिखना।

मैंने दूसरा रास्ता चुना।

उस दिन कोई बड़ा फैसला नहीं लिया गया था।

कोई बड़ा कदम नहीं उठाया गया था।

लेकिन एक चीज़ जरूर हुई थी—

मेरी सोच बदलनी शुरू हो गई थी।

आज जब मैं उस पल को याद करता हूँ, तो मुझे दुख नहीं होता।

मुझे एहसास होता है कि अगर वह "X" मेरी ज़िंदगी में नहीं आता, तो शायद मैं कभी जागता ही नहीं।

कभी-कभी ज़िंदगी आपको नीचे दिखाती है,

ताकि आप ऊपर उठने का फैसला कर सकें।

और मेरे लिए— *वह "X" एक अपमान नहीं था...*

वह मेरी ज़िंदगी का पहला "Turning Point" था।

अगले अध्याय में हम बात करेंगे उस सफर की शुरुआत के बारे में, जहाँ मैंने पहली बार पैसे को समझना शुरू किया—

और जाना कि असली खेल कमाई का नहीं, समझ का होता है।

अध्याय 5

पैसे समझने की शुरुआत

(जहाँ असली खेल शुरू होता है)

ज़िंदगी में एक समय ऐसा आता है जब इंसान को यह एहसास होने लगता है कि सिर्फ जीना ही काफी नहीं है, समझदारी से जीना भी जरूरी है। मेरे जीवन में यह एहसास धीरे-धीरे आया, लेकिन जब आया, तो उसने मेरी दिशा बदल दी।

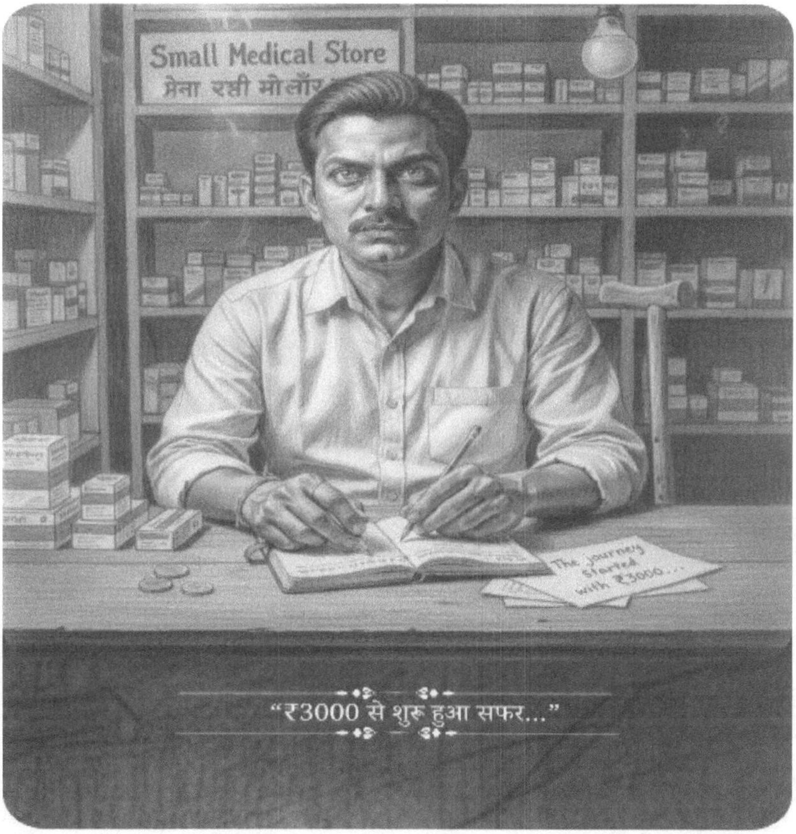

कॉलेज की पढ़ाई पूरी करने के बाद, 1999 में मैंने फार्मेसी की डिग्री हासिल की।
इसके बाद 2000 में मुझे मेरी पहली नौकरी प्राइवेट मेडिकल स्टोर में मिली।

मेरी पहली सैलरी थी—₹3000/- प्रति माह।

आज के समय में यह रकम छोटी लग सकती है, लेकिन उस समय मेरे लिए यह बहुत बड़ी बात थी।

यह सिर्फ पैसा नहीं था... यह मेरे आत्मविश्वास की पहली कमाई थी।

पहली सैलरी मिलने की खुशी अलग ही होती है।

मुझे याद है जब मैंने पहली बार अपने हाथ में वह पैसा पकड़ा, तो एक अजीब सा गर्व महसूस हुआ।

ऐसा लगा जैसे अब मैं अपने पैरों पर खड़ा हो गया हूँ।

लेकिन सच्चाई कुछ और थी।

मैं कमाना तो शुरू कर चुका था...

लेकिन मुझे अभी यह नहीं पता था कि पैसे को संभालना कैसे है।

26th January, 2001 में कच्छ में भूकंप आया। उस आपदा ने बहुत कुछ बदल दिया।

उसके बाद 2002 में मुझे सरकारी अस्पताल में फार्मासिस्ट की नौकरी मिली। यह मेरे जीवन का एक बड़ा मोड़ था।

अब मैं अपने परिवार से दूर, अकेला रहने लगा।

अकेले रहना आसान नहीं होता।

- खुद खाना बनाना...
- कपड़े धोना...
- घर संभालना...
- और साथ में नौकरी करना...

यह सब मेरे लिए एक नया अनुभव था।

लेकिन इसी दौरान मैंने जीवन के कुछ सबसे जरूरी सबक सीखे।

जब आप अकेले रहते हैं, तो आपको हर छोटे खर्च का हिसाब समझ में आता है।

किराया देना... खाना बनाना... दैनिक जरूरतों को पूरा करना...

इन सबके बीच मुझे पहली बार एहसास हुआ—

पैसा कमाना जितना जरूरी है, उससे कहीं ज्यादा जरूरी है उसे समझना।

Robert Kiyosaki कहते हैं:

"यह मायने नहीं रखता कि आप कितना पैसा कमाते हैं, मायने यह रखता है कि आप कितना पैसा बचाते हैं और वह आपके लिए कितना काम करता है।"

उस समय मैं पैसा कमा रहा था, लेकिन उसे बचाने या बढ़ाने का कोई सिस्टम नहीं था।

सैलरी आती थी...और धीरे-धीरे खर्च हो जाती थी।

मुझे लगता था कि जब मेरी इनकम बढ़ेगी, तब सब ठीक हो जाएगा।

लेकिन यह एक भ्रम था।

समस्या इनकम की नहीं थी...

समस्या समझ की थी।

इसी दौरान मैंने अपने आसपास के लोगों को ध्यान से देखना शुरू किया।

कुछ लोग मुझसे ज्यादा कमाते थे, लेकिन हमेशा पैसों की कमी में रहते थे। वहीं कुछ लोग कम कमाकर भी संतुलित जीवन जी रहे थे।

यह मेरे लिए एक बड़ा सवाल था—

एक ही दुनिया में रहकर, एक ही तरह काम करके भी लोगों की स्थिति इतनी अलग क्यों होती है?

इस सवाल का जवाब मुझे धीरे-धीरे समझ आने लगा।

Morgan Housel लिखते हैं:

"पैसे के साथ अच्छा व्यवहार करने का इस बात से बहुत कम लेना-देना है कि आप कितने स्मार्ट हैं, और इस बात से बहुत ज्यादा लेना-देना है कि आप कैसा व्यवहार करते हैं।"

यही वह बात थी जो मेरी समझ से बाहर थी।

मैंने महसूस किया कि पैसा सिर्फ कमाने की चीज़ नहीं है—

यह एक कौशल है, एक आदत है, एक व्यवहार है।

अकेले रहने के दौरान मैंने एक और चीज़ सीखी—

ज़िम्मेदारी आपको जल्दी बड़ा बना देती है।

अब मेरे पास कोई विकल्प नहीं था।

मुझे खुद ही अपने फैसले लेने थे और उनके परिणाम भी खुद ही संभालने थे।

धीरे-धीरे मेरे अंदर एक नई जागरूकता पैदा होने लगी।

मैंने सोचना शुरू किया—

मैं जो कमा रहा हूँ, उसका क्या कर रहा हूँ?

क्या मैं सिर्फ खर्च करने के लिए काम कर रहा हूँ?

या मैं कुछ बना भी रहा हूँ?

यह सवाल छोटे थे, लेकिन इनका असर बहुत बड़ा था।

यहीं से मेरे अंदर पैसे को समझने की असली शुरुआत हुई।

आज जब मैं पीछे मुड़कर देखता हूँ, तो समझ आता है—

मेरी पहली नौकरी, ₹3000/- की सैलरी, अकेले रहने का संघर्ष—

यह सब सिर्फ अनुभव नहीं थे। *यह मेरी वित्तीय समझ की नींव थे।*

अगर उस समय मैं सिर्फ पैसे कमाने पर ध्यान देता और समझने की कोशिश नहीं करता, तो शायद मैं भी उसी चक्र में फँस जाता जिसमें ज्यादातर लोग आज भी फँसे हुए हैं।

इस अध्याय की सबसे बड़ी सीख यही है—

पैसा कमाना शुरुआत है...

लेकिन पैसा समझना असली खेल है।

अगले अध्याय में हम बात करेंगे उस दौड़ की, जिसमें ज्यादातर लोग बिना सोचे-समझे शामिल हो जाते हैं—

और सालों तक दौड़ते रहते हैं, बिना यह जाने कि वे आखिर जा कहाँ रहे हैं।

अध्याय 6

पैसे की असली सच्चाई

(Money Mindset)

क्या आपने कभी गौर किया है कि कुछ लोग सीमित आय के बावजूद आर्थिक रूप से स्थिर रहते हैं...

जबकि कुछ लोग लाखों कमाकर भी हमेशा तनाव, कर्ज और कमी में जीते हैं?

पहली नजर में यह फर्क Income का लगता है।
लेकिन गहराई से देखने पर समझ आता है—

असल फर्क पैसे में नहीं...

पैसे को देखने के तरीके में होता है।

मैं भी कभी इसी भ्रम में जी रहा था कि ज्यादा पैसा कमाना ही जिंदगी की सबसे बड़ी उपलब्धि है।

जब मेरी पहली सैलरी शुरू हुई, तब पैसा मेरे लिए सिर्फ खर्च करने का माध्यम था।

- ✓ सैलरी आती...
- ✓ खर्च होती...
- ✓ और फिर अगली सैलरी का इंतजार शुरू हो जाता।

उस समय मुझे लगता था कि यही सामान्य जीवन है।

लेकिन धीरे-धीरे मेरे भीतर एक सवाल पैदा हुआ—

अगर पैसा ही खुशी और सुरक्षा देता है...
तो जिन लोगों के पास बहुत पैसा है, वे भी अंदर से इतने बेचैन क्यों हैं?

मैंने अपने आसपास अक्सर दो तरह के लोगों को देखा।

कुछ लोग कम कमाकर भी शांत थे।
उनके जीवन में संतुलन था।

और कुछ लोग बहुत कमाकर भी भय, तनाव और असंतोष में जी रहे थे।

तभी मुझे पहली बार एहसास हुआ—

पैसे की सबसे बड़ी समस्या बाहर नहीं होती...
पैसे की सबसे बड़ी समस्या हमारे अवचेतन मन के अंदर होती है।

हम गरीबी के साथ पैदा नहीं होते।
हम धीरे-धीरे "गरीब सोच" सीखते हैं।

बचपन से हमारे दिमाग में कुछ beliefs डाल दिए जाते हैं—

- "पैसा सब कुछ नहीं होता..."
- "अमीर लोग अच्छे नहीं होते...
- "ज्यादा पैसा कमाना लालच है..."
- "हम जैसे लोग अमीर नहीं बन सकते..."
- "खाली हाथ आए है, और खाली हाथ जाएंगे।"

समस्या यह नहीं है कि ये बातें हमें बताई जाती हैं।
समस्या यह है कि हम उन्हें बिना सवाल किए सच मान लेते हैं।

और यही beliefs धीरे-धीरे बदल जाते हैं—

✓ हमारी सोच में...
✓ हमारे फैसलों में...
✓ और आखिरकार हमारी पूरी financial reality में।

मेरी सबसे बड़ी गलती भी यही थी।

मैं बाहर से मेहनत कर रहा था...
लेकिन अंदर से खुद को सीमित कर चुका था।

मुझे लगता था—

- पैसा कमाना कठिन है...
- अमीर लोग अलग होते हैं...
- और financial freedom मेरे जैसे लोगों के लिए नहीं बनी।

यानी मेरी असली लड़ाई दुनिया से नहीं...
मेरे अपने subconscious mind से थी।

फिर मेरी जिंदगी में एक turning point आया।

मैंने NLP — Neuro Linguistic Programming का Course किया और NLP के बारे में जाना, समजा और सीखा।

वहीं मुझे पहली बार समझ आया कि—

***मनुष्य की जिंदगी उसके बाहरी हालात से कम...
और उसके अंदर चल रहे मानसिक प्रोग्राम्स से ज्यादा बनती है।***

हमारा दिमाग लगातार वही reality create करता है...
जिस पर हम बार-बार विश्वास करते हैं।

मैंने पहली बार अपने thoughts को observe करना शुरू किया।

मैंने खुद से पूछा—

- कौन सी सोच मुझे रोक रही है?
- कौन सा डर मुझे छोटा बनाए हुए है?
- मैं अवसरों से ज्यादा समस्याएँ क्यों देखता हूँ?

और धीरे-धीरे मुझे एहसास हुआ—

मेरे पैरों में कोई वास्तविक जंजीर नहीं थी...
लेकिन मेरे beliefs ने मुझे मानसिक रूप से बाँध रखा था।

वह invisible chain बाहर नहीं...
मेरे अंदर थी।

यहीं से परिवर्तन शुरू हुआ।

जहाँ पहले मैं सोचता था—

"पैसा बुरा है..."

अब मैंने सोचना शुरू किया—

"पैसा एक शक्तिशाली tool है।
उसका प्रभाव इस बात पर निर्भर करता है कि उसे कौन और कैसे इस्तेमाल करता है।"

जहाँ पहले मैं सोचता था—

"मैं नहीं कर सकता..."

अब मैंने खुद से कहना शुरू किया—

"मैं सीख के कर सकता हूँ।"

यह बदलाव छोटा दिखाई देता है...
लेकिन इंसान की पूरी दिशा बदल देता है।

क्योंकि जिंदगी हमेशा बाहर से नहीं बदलती...
वह पहले विचारों में बदलती है।

Morgan Housel कहते हैं—

"Money gives you options, and options give you freedom."

यह बात मेरे लिए सिर्फ एक quote नहीं थी।
यह एक मानसिक awakening थी।

मुझे समझ आने लगा कि पैसा सीधे खुशी नहीं देता...
लेकिन पैसा आपको अपनी जिंदगी अपने तरीके से जीने की स्वतंत्रता जरूर देता है।

और स्वतंत्रता—
मानव जीवन की सबसे बड़ी जरूरतों में से एक है।

लेकिन यहाँ एक गहरी सच्चाई और भी है—

अगर आप पैसे को समझते नहीं हैं...
तो वही पैसा आपकी स्वतंत्रता छीन भी सकता है।

Robert Kiyosaki कहते हैं—

"Poor and middle-class people work for money. Rich people make money work for them."

पहले मैं भी सिर्फ पैसे के लिए काम कर रहा था।

लेकिन धीरे-धीरे मेरी समझ बदलने लगी।

मैंने महसूस किया कि पैसा सिर्फ कागज़, नंबर या बैंक बैलेंस नहीं है।

- **पैसा एक system है।**
- **एक energy है।**
- **एक amplifier है।**

अगर आपकी सोच सीमित है...
तो पैसा आपकी समस्याओं को बढ़ा देगा।

अगर आपकी सोच स्पष्ट और disciplined है...
तो वही पैसा आपके अवसरों को multiply कर देगा।

यही कारण है कि कुछ लोग अचानक पैसा मिलने के बाद भी गरीब रह जाते हैं...
और कुछ लोग धीरे-धीरे स्थायी wealth बना लेते हैं।

एक दिन मैंने खुद से एक सवाल पूछा—

क्या मैं पूरी जिंदगी सिर्फ पैसे के लिए काम करता रहूँगा...
या मैं एक ऐसा system बनाऊँगा जहाँ पैसा भी मेरे लिए काम करे?

यही वह क्षण था जहाँ मेरी सोच बदलनी शुरू हुई।

आज जब मैं पीछे मुड़कर देखता हूँ, तो समझ आता है—

मेरी सबसे बड़ी समस्या कम income नहीं थी।
मेरी सबसे बड़ी समस्या limited mindset थी।

क्योंकि—

Income rarely exceeds identity.

आपकी financial life अक्सर उस level से ऊपर नहीं जाती...
जिस level पर आप खुद को mentally deserve करते हैं।

अगर अंदर से आप मानते हैं कि—

"मैं इसके लायक नहीं हूँ..."

तो अवसर सामने आने पर भी आप उन्हें खो देंगे।

याद रखिए—

पैसा बाहर नहीं रुकता...
पैसा पहले अंदर रुकता है।

अगर mindset सही है...
तो पैसा रास्ता ढूँढ लेता है।

अगर mindset गलत है...
तो पैसा हाथ में आकर भी टिकता नहीं।

इस अध्याय की सबसे बड़ी सीख यही है—

पैसा लक्ष्य नहीं है।
पैसा एक साधन है।

और जिस दिन आप पैसे को सिर्फ कमाने की चीज़ नहीं... बल्कि समझने की चीज़ मान लेते हैं—

उसी दिन आपकी financial journey सच में शुरू होती है।

अगले अध्याय में हम समझेंगे—

पैसा आता तो है...
लेकिन टिकता क्यों नहीं?

और वहीं आपको एहसास होगा कि सिर्फ mindset नहीं... एक मजबूत financial system भी उतना ही जरूरी है।

अध्याय 7

पैसा आता तो है.... लेकिन टिकता क्यों नहीं?

(The Leak in Your Money System)

पैसा कमाना कठिन नहीं है...
कठिन यह है कि पैसा आपके पास रुके।

अगर आप अपनी जिंदगी को ईमानदारी से देखें, तो एक पैटर्न साफ दिखाई देगा—

पैसा आता है...
लेकिन कुछ ही समय बाद गायब हो जाता है।

सैलरी आती है...
थोड़ी राहत मिलती है...
और फिर धीरे-धीरे वही पैसा खर्चों, EMI, जिम्मेदारियों और छोटी-बड़ी जरूरतों में खत्म हो जाता है।

महीने की शुरुआत में जो बैंक बैलेंस "सुरक्षा" जैसा लगता है...
महीने के अंत तक वही "तनाव" में बदल जाता है।

यह सिर्फ एक financial problem नहीं है।
यह modern middle-class life का सबसे बड़ा psychological trap है।

और सच कहूँ तो...
मैं भी वर्षों तक इसी चक्र में फँसा हुआ था।

धीरे-धीरे जिंदगी आगे बढ़ रही थी।

- 2011 में मेरी शादी हुई।
- फिर बच्चे हुए।
- जिम्मेदारियाँ बढ़ीं।

2012 में मैंने अपनी पहली कार खरीदी।
2019 में अपना घर लिया।

बाहर से देखने पर सब कुछ सही लग रहा था—

- एक स्थिर नौकरी...
- परिवार...
- घर...
- गाड़ी...

यानी वही जीवन...
जिसे समाज "settled life" कहता है।

लेकिन भीतर एक अदृश्य दबाव लगातार बढ़ रहा था।

हर महीने सैलरी आने से पहले ही उसका हिसाब तय हो चुका होता था—

- घर की EMI

- बच्चों की पढ़ाई
- दैनिक खर्च
- गाड़ी का खर्च और EMI
- दवाइयाँ
- भविष्य की चिंताएँ

सैलरी आती थी...
और धीरे-धीरे बिना कोई निशान छोड़े गायब हो जाती थी।

उस समय मुझे लगता था कि मेरी समस्या कम income है।

मैं सोचता था—

***"अगर income बढ़ जाएगी...
तो जिंदगी आसान हो जाएगी।"***

लेकिन समय के साथ मुझे एहसास हुआ—

***समस्या income की नहीं थी...
समस्या financial system की थी।***

यहीं अधिकांश लोग गलती करते हैं।

वे मानते हैं कि financial freedom ज्यादा कमाने से आएगी।

लेकिन सच्चाई यह है—

अगर financial behavior नहीं बदलता...
तो बढ़ी हुई income सिर्फ बढ़े हुए खर्चों में बदल जाती है।

Morgan Housel लिखते हैं—

"Wealth is what you don't see."

यानी असली दौलत वह नहीं जो आप दिखाते हैं...
असली दौलत वह है जो आपके पास बची रहती है।

यह बात मेरे लिए बेहद गहरी थी।

क्योंकि मैं जो बना रहा था...
वह बाहर से दिखाई दे रहा था—

- घर
- गाड़ी
- Lifestyle

लेकिन जो नहीं दिखाई दे रहा था...
वह थी financial stability।

धीरे-धीरे मुझे एक और खतरनाक सच समझ में आया—

जैसे-जैसे मेरी income बढ़ रही थी...
वैसे-वैसे मेरे खर्च भी बढ़ रहे थे।

और यही वह invisible trap है जिसे दुनिया
Lifestyle Inflation कहती है।

शुरुआत में जो चीजें luxury लगती हैं...
धीरे-धीरे वे "necessity" बन जाती हैं।

फिर इंसान जरूरतों के लिए नहीं...
अपनी lifestyle को बनाए रखने के लिए काम करने लगता है।

Robert Kiyosaki कहते हैं—

"Most people, as they make more money, make more debt."

यानी लोग income बढ़ने के साथ wealth नहीं...
बल्कि liabilities बढ़ा लेते हैं।

यही मेरे साथ भी हो रहा था।

मैं मेहनत बहुत कर रहा था...
लेकिन आर्थिक रूप से आगे नहीं बढ़ रहा था।

यह बिल्कुल treadmill पर दौड़ने जैसा था—

ऊर्जा बहुत खर्च हो रही थी...
लेकिन distance zero था।

फिर एक दिन मैंने खुद से एक सवाल पूछा—

अगर मैं आज काम करना बंद कर दूँ...
तो मेरी financial life कितने दिन survive कर पाएगी?

यह सवाल uncomfortable था।

लेकिन कभी-कभी uncomfortable सवाल ही जिंदगी बदलते हैं।

उस दिन मुझे पहली बार एहसास हुआ—

मैं financially secure नहीं था।
मैं सिर्फ financially active था।

यानी मैं पैसा कमा रहा था...
लेकिन पैसा मेरे लिए काम नहीं कर रहा था।

वहीं से मेरी समझ बदलनी शुरू हुई।

मैंने पहली बार गंभीरता से यह observe किया कि पैसा आखिर “leak” कहाँ हो रहा है।

और मुझे तीन बड़े कारण दिखाई दिए।

पहला कारण — Lack of Financial Priority

हम बचत को priority नहीं बनाते।

हम पहले खर्च करते हैं...
फिर जो बच जाए उसे saving कहते हैं।

लेकिन wealthy mindset ठीक उल्टा काम करता है।

वे पहले saving और investing करते हैं...
फिर बाकी पैसा खर्च करते हैं।

यही कारण है कि दो लोग समान income के बावजूद बिल्कुल अलग financial life जीते हैं।

दूसरा कारण — Lack of System

ज्यादातर लोग money management नहीं करते...
वे सिर्फ money movement करते हैं।

पैसा आता है...
और बिना किसी structure के चला जाता है।

कोई tracking नहीं...
कोई planning नहीं...
कोई financial discipline नहीं।

और जहाँ system नहीं होता...
वहाँ leakage निश्चित होता है।

तीसरा कारण — Wrong Assets

मैंने महसूस किया कि मैं assets कम...
और liabilities ज्यादा बना रहा था।

ऐसी चीजें खरीद रहा था जो status तो देती थीं...
लेकिन cash flow नहीं।

यहीं से मुझे Robert Kiyosaki की एक बात समझ आई—

"Rich people acquire assets. Poor and middle-class people acquire liabilities they think are assets."

यह सिर्फ finance नहीं था...
यह mindset का अंतर था।

धीरे-धीरे मेरी सोच बदलने लगी।

मैंने पहली बार conscious financial decisions लेना शुरू किया।

मैंने अपनी income का एक हिस्सा पहले अलग रखना शुरू किया।
मैंने impulsive spending कम की।
मैंने हर खर्च से पहले खुद से पूछना शुरू किया—

"क्या यह मुझे financially stronger बना रहा है...
या सिर्फ temporarily satisfied?"

यह सवाल छोटा था...
लेकिन उसने मेरी पूरी financial direction बदल दी।

धीरे-धीरे मुझे एहसास हुआ—

पैसा अपने आप नहीं टिकता।
पैसे को structure, discipline और direction चाहिए।

और यही वह जगह है जहाँ अधिकांश लोग असफल हो जाते हैं।

वे income पर focus करते हैं...
लेकिन financial behavior पर नहीं।

याद रखिए—

High income does not guarantee wealth.
Strong financial habits do.

इस अध्याय की सबसे बड़ी सीख बहुत स्पष्ट है—

पैसा इसलिए नहीं टिकता क्योंकि, हम उसे टिकाने लायक system नहीं बनाते।

अगर आप चाहते हैं कि पैसा आपके पास रुके...
तो सिर्फ ज्यादा कमाने की कोशिश मत कीजिए।

अपनी आदतें बदलिए।
अपनी priorities बदलिए।
और सबसे महत्वपूर्ण—

पैसे के साथ अपना relationship बदलिए।

क्योंकि पैसा सिर्फ गणित नहीं है...
पैसा behavior है।

और जिस दिन आपका behavior बदलता है...
उसी दिन आपकी financial reality बदलनी शुरू हो जाती है।

अगले अध्याय में हम उस अदृश्य जाल को समझेंगे...
जिसमें दुनिया के करोड़ों लोग पूरी जिंदगी फँसे रहते हैं—

Middle Class Trap

यानी "चूहा दौड़" का असली सच।

अध्याय 8

मिडल क्लास ट्रैप (Middle Class Trap)

(The Real Truth of the Rat Race)

अगर आप अपने आसपास की दुनिया को ध्यान से देखें, तो आपको एक अदृश्य स्क्रिप्ट दिखाई देगी—

एक ऐसी life pattern...
जिसे अधिकांश लोग बिना सवाल किए follow करते रहते हैं।

पढ़ाई करो → नौकरी पाओ → शादी करो → EMI भरो → रिटायर हो जाओ।

पहली नजर में यह "सामान्य जीवन" लगता है।
लेकिन गहराई से देखने पर समझ आता है—

यही वह invisible system है जिसमें करोड़ों लोग पूरी जिंदगी फँसे रहते हैं।

इसे ही कहा जाता है—

Middle Class Trap

एक ऐसा चक्र जहाँ इंसान लगातार मेहनत करता है...
लेकिन फिर भी कभी वास्तविक स्वतंत्रता तक नहीं पहुँच पाता।

वह कमाता है...
फिर खर्च बढ़ाता है...
फिर EMI भरता है...
फिर और मेहनत करता है...

और धीरे-धीरे उसकी पूरी जिंदगी survival mode में बदल जाती है।

ऊपर से सब कुछ सामान्य दिखाई देता है—
लेकिन अंदर से इंसान financial pressure, fear और dependency में जी रहा होता है।

Robert Kiyosaki इस स्थिति को एक बेहद शक्तिशाली नाम देते हैं—

"The Rat Race."

वे कहते हैं—

"Fear and desire trap people into working endlessly."

यानी डर और लालच मिलकर इंसान को एक ऐसे चक्र में बाँध देते हैं...
जहाँ वह पूरी जिंदगी सिर्फ काम करता रहता है।

और सच कहूँ तो...
मैं भी इसी दौड़ का हिस्सा था।

मैंने वही किया जो समाज ने सिखाया था।

- पढ़ाई की।
- नौकरी मिली।
- शादी हुई।
- घर लिया।
- गाड़ी खरीदी।

हर कदम पर मुझे लगा—

"अब जिंदगी सेट हो रही है।"

लेकिन धीरे-धीरे मुझे एहसास हुआ—

मैं आगे नहीं बढ़ रहा था...
मैं सिर्फ एक sophisticated financial cage बना रहा था।

जब मैंने घर लिया, तो मुझे लगा कि मैंने wealth create कर ली है।

लेकिन समय के साथ समझ आया—

घर सिर्फ एक emotional decision नहीं था...
वह एक long-term financial commitment भी था।

हर महीने EMI मेरी income का हिस्सा खा रही थी।

गाड़ी भी वही कर रही थी।

और तभी मुझे एक बेहद गहरी सच्चाई समझ आई—

हर वो चीज़ जो बाहर से आपको अमीर दिखाती है... जरूरी नहीं कि वह आपको वास्तव में अमीर बना रही हो।

Morgan Housel लिखते हैं—

"Wealth is hidden. Richness is visible."

यानी richness वह है जो लोग देखते हैं...
लेकिन wealth वह है जो दिखाई नहीं देती।

मैं richness create कर रहा था... लेकिन wealth नहीं।

यही middle-class trap का सबसे dangerous हिस्सा है—

Illusion of Security

(सुरक्षा का भ्रम)

आपको लगता है—

मेरे पास नौकरी है...
इसलिए मैं सुरक्षित हूँ।

मेरे पास salary है...
इसलिए सब ठीक है।

लेकिन सच्चाई इससे कहीं अधिक कठोर है।

अगर आपकी पूरी जिंदगी सिर्फ एक income source पर टिकी हुई है...
तो आप वास्तव में secure नहीं हैं।

आप सिर्फ dependent हैं।

क्योंकि जिस दिन वह income source रुकता है...
उसी दिन आपका पूरा financial structure हिल जाता है।

और यही middle-class trap का सबसे बड़ा डर है—

आप कमाते हैं...
लेकिन आपके पास विकल्प नहीं होते।

Options.

और financial freedom का असली अर्थ ही यही है—

आपके पास विकल्प हों।

काम करना पड़े इसलिए काम करना...
और choice से काम करना...

इन दोनों में जमीन-आसमान का अंतर है।

धीरे-धीरे मुझे समझ आने लगा कि समस्या घर, गाड़ी या नौकरी में नहीं है।

समस्या है—

Financial Literacy की कमी।

हमें बचपन से सिखाया जाता है—

अच्छे marks लाओ।
अच्छी नौकरी पाओ।
सेटल हो जाओ।

लेकिन हमें यह नहीं सिखाया जाता—

पैसा कैसे काम करता है।
Cash flow क्या होता है।
Assets और liabilities में फर्क क्या है।
और wealth वास्तव में बनती कैसे है।

यही कारण है कि करोड़ों लोग जिंदगीभर काम करते रहते हैं... लेकिन कभी आर्थिक रूप से स्वतंत्र नहीं हो पाते।

Robert Kiyosaki कहते हैं—

"The rich buy assets. The poor only have expenses. The middle class buy liabilities they think are assets."

यह सिर्फ finance का difference नहीं है।
यह mindset का difference है।

Middle class अक्सर emotional decisions को financial decisions समझ लेता है।

Status को success मान लेता है।
और lifestyle को wealth समझ लेता है।

धीरे-धीरे मैंने खुद से कठिन सवाल पूछने शुरू किए।

क्या मैं वास्तव में financially free हूँ?
या सिर्फ financially busy हूँ?

क्या मैं wealth बना रहा हूँ?
या सिर्फ liabilities collect कर रहा हूँ?

क्या मेरी जिंदगी मेरे decisions चला रहे हैं...
या मेरी EMIs?

यहीं से मेरा perspective बदलना शुरू हुआ।

मैंने समझा कि अगर मुझे इस trap से बाहर निकलना है...
तो मुझे सिर्फ ज्यादा मेहनत नहीं...
बल्कि अलग तरीके से सोचना होगा।

और वहीं से शुरू हुआ मेरा वास्तविक financial awakening।

मैंने कुछ छोटे लेकिन powerful changes करने शुरू किए।

1. Assets बनाना शुरू किया

मैंने पहली बार खुद से पूछा—

"क्या यह चीज़ मेरी जेब में पैसा डाल रही है...
या सिर्फ पैसा निकाल रही है?"

यही सवाल financial intelligence की शुरुआत है।

2. Pay Yourself First

मैंने बचत को leftover नहीं...
priority बनाना शुरू किया।

पहले investment।
फिर expenses।

यही wealthy behavior है।

3. दिखावे से दूरी

मुझे एहसास हुआ कि अधिकांश लोग अपनी जरूरतों के लिए नहीं...
दूसरों को प्रभावित करने के लिए खर्च करते हैं।

लेकिन wealth silence में बनती है...
show-off में नहीं।

4. Mindset Shift

जहाँ पहले मैं सोचता था—

"मैं नहीं कर सकता..."

अब मैंने खुद से पूछना शुरू किया—

"मैं कैसे कर सकता हूँ?"

और यही सवाल possibilities खोलता है।

धीरे-धीरे मुझे समझ आया—

Middle Class Trap कोई accident नहीं है।
यह एक carefully repeated social pattern है।

लेकिन अच्छी बात यह है—

हर system को बदला जा सकता है।

- ✓ अगर mindset बदल जाए...
- ✓ financial behavior बदल जाए...
- ✓ और priorities बदल जाएँ...

तो इंसान इस दौड़ से बाहर निकल सकता है।

याद रखिए—

आपको इस दौड़ में सबसे तेज़ नहीं दौड़ना है। आपको इस दौड़ को समझकर उससे बाहर निकलना है।

क्योंकि असली जीत ज्यादा कमाने में नहीं है...

असली जीत है—

ऐसी जिंदगी बनाने में जहाँ पैसा आपके decisions control न करे।

इस अध्याय की सबसे बड़ी सीख यही है—

Financial Freedom मेहनत से नहीं...

Financial Awareness से शुरू होती है।

अगले अध्याय में हम समझेंगे—

अमीर और गरीब माइंडसेट का वह गहरा अंतर

जो तय करता है कि कोई इंसान पूरी जिंदगी इस trap में फँसा रहेगा... या उससे बाहर निकलकर wealth create करेगा।

अध्याय 9

अमीर Vs गरीब माइंडसेट

(Rich vs Poor Mindset)

अगर आप सच में अपनी जिंदगी बदलना चाहते हैं, तो आपको एक गहरी सच्चाई स्वीकार करनी होगी—

**आपकी financial reality आपके बैंक बैलेंस से कम...
और आपकी मानसिक programming से ज्यादा बनती है।**

दुनिया के अधिकांश लोग यह मानते हैं कि—

"जब मेरे पास ज्यादा पैसा होगा... तब मैं अमीर बन जाऊँगा।"

लेकिन सच्चाई इससे बिल्कुल उलट है।

***इंसान पहले सोच से अमीर बनता है...
फिर परिणामों से।***

दौलत सबसे पहले बैंक अकाउंट में नहीं बनती।
वह सबसे पहले दिमाग के अंदर बनती है।

अगर mindset सीमित है...
तो अवसर भी सीमित दिखाई देंगे।

अगर mindset विस्तृत है...
तो वही दुनिया possibilities से भरी दिखाई देने लगती है।

मेरे पिताजी ने पूरी जिंदगी बेहद मेहनत की।
वे ईमानदार थे, जिम्मेदार थे, और अपने परिवार के लिए समर्पित थे।

लेकिन इसके बावजूद हम आर्थिक संघर्षों से बाहर नहीं निकल पाए।

समस्या मेहनत की नहीं थी।
समस्या information की भी नहीं थी।

समस्या थी—

Financial Conditioning

उन्हें वही सिखाया गया था...
जो इस देश के करोड़ों middle-class परिवारों को सिखाया जाता है—

अच्छी नौकरी = सुरक्षित जीवन।

लेकिन समय के साथ मुझे एहसास हुआ—

नौकरी सुरक्षा दे सकती है...
लेकिन financial freedom नहीं।

फिर मैंने दूसरी तरफ कुछ ऐसे लोगों को देखा जो extraordinary नहीं थे।

वे average थे।
लेकिन उनकी financial growth average नहीं थी।

क्यों?

क्योंकि वे पैसे को अलग तरीके से देखते थे।

उनके पास सिर्फ income नहीं थी...
उनके पास financial intelligence थी।

उनके पास सिर्फ मेहनत नहीं थी...
उनके पास सही सोच और सही system था।

यहीं से मुझे समझ आया—

गरीबी और अमीरी का सबसे बड़ा अंतर income में नहीं...
mindset में होता है।

Robert Kiyosaki कहते हैं—

***"Poor people say: 'I can't afford it.'
Rich people ask: 'How can I afford it?'"***

पहली नजर में यह सिर्फ एक sentence लगता है।
लेकिन वास्तव में यही sentence दो अलग financial destinies create करता है।

क्योंकि सवाल बदलते ही दिमाग का behavior बदल जाता है।

जब आप कहते हैं—

"मैं नहीं कर सकता..."

तो आपका दिमाग बंद हो जाता है।

लेकिन जब आप पूछते हैं—

"मैं कैसे कर सकता हूँ?"

तो आपका दिमाग solutions ढूँढना शुरू कर देता है।

यही rich mindset की शुरुआत है।

गरीब mindset अक्सर fear-driven होता है।

- वह risk से बचना चाहता है।
- वह failure से डरता है।
- वह uncertainty को खतरा मानता है।

और धीरे-धीरे वह अपनी ही बनाई हुई सीमाओं में कैद हो जाता है।

वह कहता है—

- मेरे पास resources नहीं हैं।
- मेरे पास connections नहीं हैं।
- मेरे पास opportunities नहीं हैं।

लेकिन सच यह है—

कई बार resources की कमी इंसान को नहीं रोकती...
limited thinking रोकती है।

Henry Ford ने कहा था—

"Whether you think you can, or you think you can't — you're right."

यह quote सिर्फ motivation नहीं है। यह neuroscience है।

क्योंकि आपका subconscious mind उसी reality को मजबूत करता है...
जिस पर आप लगातार विश्वास करते हैं।

अगर आप खुद को powerless मानते हैं...
तो आपका behavior भी वैसा ही हो जाता है।

अगर आप खुद को capable मानते हैं...
तो धीरे-धीरे आपकी identity बदलने लगती है।

यही rich mindset का मूल है—

Identity Shift

अमीर mindset सिर्फ ज्यादा पैसा कमाने के बारे में नहीं सोचता।

वह value create करने के बारे में सोचता है।
वह long-term सोचता है।
वह consumption से ज्यादा creation पर focus करता है।

गरीब mindset पूछता है—

"मैं कितना खर्च कर सकता हूँ?"

अमीर mindset पूछता है—

"मैं ऐसा क्या बना सकता हूँ जो future में cash flow create करे?"

यही सोच का अंतर wealth gap create करता है।

Morgan Housel लिखते हैं—

"Doing well with money has little to do with how smart you are and a lot to do with how you behave."

यानी wealth intelligence का नहीं...
behavior का खेल है।

यही कारण है कि highly educated लोग भी financial stress में जीते हैं...
और कुछ average educated लोग extraordinary wealth बना लेते हैं।

क्योंकि financial success सिर्फ information से नहीं आता।

वह emotional discipline, patience और mindset से आता है।

मैं भी शुरुआत में उसी भीड़ का हिस्सा था।

मुझे लगता था—

अगर नौकरी stable है...
तो ज़िंदगी stable है।

लेकिन धीरे-धीरे मुझे एहसास हुआ—

अगर सोच नहीं बदली...
तो परिणाम कभी नहीं बदलेंगे।

तब मैंने अपनी self-talk बदलनी शुरू की।

पहले मेरे अंदर आवाज आती थी—

"क्या मैं कर पाऊँगा?"

अब मैंने खुद से पूछना शुरू किया—

"मैं इसे संभव कैसे बना सकता हूँ?"

यह बदलाव छोटा लगता है...
लेकिन यहीं से transformation शुरू होता है।

क्योंकि आपकी जिंदगी हमेशा आपके बाहरी actions से पहले...
आपकी inner conversations से बदलती है।

धीरे-धीरे मेरे decisions बदलने लगे।

मैं instant pleasure की जगह long-term growth पर focus करने लगा।

मैं खर्च करने से पहले सोचने लगा—

"क्या यह मुझे financially stronger बना रहा है?"

मैंने पहली बार income से ज्यादा assets पर ध्यान देना शुरू किया।

और सबसे महत्वपूर्ण—

मैंने खुद को victim नहीं... creator मानना शुरू किया।

यही rich mindset का सबसे बड़ा secret है।

गरीब mindset circumstances को blame करता है।
अमीर mindset responsibility लेता है।

गरीब mindset comfort चाहता है।
अमीर mindset growth चाहता है।

गरीब mindset short-term relief चाहता है।
अमीर mindset long-term freedom चाहता है।

और यही सोच धीरे-धीरे financial destiny तय करती है।

Rich mindset का सबसे बड़ा formula बहुत simple है—

पैसा आता है → invest होता है → grow करता है

जबकि poor mindset का formula अक्सर ऐसा होता है—

पैसा आता है → खर्च होता है → खत्म हो जाता है

यही पूरा अंतर है।

एक इंसान पैसा आने पर lifestyle upgrade करता है।
दूसरा इंसान assets upgrade करता है।

एक consumption बढ़ाता है।
दूसरा Value and cash flow बढ़ाता है।

और समय के साथ यही छोटे decisions massive gap create करते हैं।

याद रखिए—

आपकी current reality...
आपकी past thinking का result है।

लेकिन आपकी future reality...
आज के decisions और mindset से बनती है।

Gautama Buddha ने कहा था—

"We become what we think."

यह सिर्फ spiritual statement नहीं है।
यह life principle है।

क्योंकि इंसान की outer world हमेशा उसकी inner world का reflection होती है।

इस अध्याय की सबसे बड़ी सीख बहुत स्पष्ट है—

अमीर बनने से पहले...अमीर सोचना सीखो।

क्योंकि जिस दिन आपकी सोच बदलती है...
उसी दिन आपकी direction बदलती है।

और जब direction बदल जाती है...
तो मंज़िल बदलना सिर्फ समय की बात रह जाती है।

अगले अध्याय में हम समझेंगे—

पैसे का वह असली सिस्टम

जो आपको सिर्फ income नहीं...
बल्कि long-term financial freedom की ओर ले जाता है।

अध्याय 10

पैसा का सिस्टम

(Game Rules – Real Life Upgrade)

अगर आप कोई भी गेम खेलते हैं, तो जीतने के लिए सबसे पहली शर्त क्या है? उसके नियमों को समझना।

पैसा भी एक खेल की तरह है। फर्क सिर्फ इतना है कि इस खेल में हारने पर आपको तुरंत पता नहीं चलता। आप सालों तक मेहनत करते रहते हैं, लेकिन वहीं के वहीं खड़े रहते हैं।

ज़्यादातर लोग यही गलती करते हैं। वे सोचते हैं कि ज्यादा मेहनत करेंगे तो ज्यादा पैसा आएगा। लेकिन सच्चाई यह है कि सिर्फ मेहनत से नहीं, सिस्टम से पैसा बनता है।

Robert Kiyosaki कहते हैं,

"The rich don't work for money. They build systems that make money work for them."

जब मैंने पहली बार यह विचार सुना...

तो यह सिर्फ एक motivational line लगी।

लेकिन समय के साथ मुझे एहसास हुआ—

यह wealth creation का fundamental law है।

मैंने भी अपनी ज़िंदगी का एक बड़ा हिस्सा बिना इन नियमों को समझे बिताया। मैं एक सरकारी फार्मासिस्ट था। नौकरी सुरक्षित थी, आय नियमित थी, लेकिन आर्थिक स्थिति में कोई बड़ा बदलाव नहीं था। मैं काम कर रहा था, पैसा आ रहा था, और फिर खर्च हो जा रहा था। यह एक चक्र था, जो चलता ही जा रहा था।

फिर 2016 में मेरी जिंदगी में एक ऐसा मोड़ आया जिसने मेरी पूरी financial understanding बदल दी।

मेरी duty shifts अक्सर मेरे दोस्त जयप्रकाश चेतवाणी के साथ होती थीं।

हमारे पास कुछ free time होता था।

और उसी दौरान मेरे दिमाग में एक बेहद साधारण लेकिन powerful सवाल आया—

"क्या हम अपने समय का उपयोग सिर्फ salary के लिए कर रहे हैं...
या हम इससे कोई system भी बना सकते हैं?"

यही सवाल transformation की शुरुआत था।

यह सवाल छोटा था, लेकिन इसी ने एक बड़ा रास्ता खोल दिया।

क्योंकि जिंदगी बदलने वाले answers अक्सर बड़े नहीं होते...
वे सही questions होते हैं।

उसी दौरान हमें "जन औषधि स्टोर" के concept के बारे में पता चला।

यह सिर्फ एक business opportunity नहीं थी।

यह एक hidden social need थी।

लोगों को सस्ती generic medicines चाहिए थीं...
लेकिन awareness कम थी।

- Market resistant था।
- Competition था।
- Confusion था।

और सबसे बड़ा challenge—

₹3–4 लाख का investment।

मेरे लिए यह छोटी रकम नहीं थी।

मेरे भीतर डर था।

- अगर पैसा डूब गया तो?
- अगर business नहीं चला तो?
- अगर लोग generic medicines पर भरोसा नहीं करें तो?

यही वह क्षण था जहाँ मेरी पुरानी सोच और नई सोच आमने-सामने खड़ी थीं।

पुराना mindset कह रहा था—

"Safe खेलो।"

लेकिन एक नई आवाज कह रही थी—

"हर बड़ा अवसर शुरुआत में uncertainty के रूप में आता है।"

Morgan Housel लिखते हैं—

"In the real world, people who take smart risks often outperform those who only play safe."

यहीं मुझे एक गहरी बात समझ आई—

Financial growth comfort zone के बाहर शुरू होती है।

लेकिन यहाँ एक और महत्वपूर्ण realization हुआ। मैंने समझा कि अकेले आगे बढ़ना slow growth है।

अकेला इंसान सीमित होता है। सही team multiplier होती है।

हमने अकेले चलने के बजाय एक रिटायर्ड फार्मासिस्ट, श्री राजेन्द्र मेहता साहब को अपने साथ जोड़ा। यह एक बहुत महत्वपूर्ण कदम था। मैंने सीखा कि सही लोगों के साथ काम करना ही असली ताकत है। अकेले काम करना नौकरी जैसा होता है, लेकिन टीम के साथ काम करना सिस्टम बनाता है।

शुरुआत आसान नहीं थी। ग्राहकों का भरोसा जीतना पड़ा। मार्केट को समझाना पड़ा। कई बार ऐसा लगा कि शायद यह निर्णय गलत था। लेकिन हमने हार नहीं मानी।

धीरे-धीरे चीज़ें बदलने लगीं। सेल्स बढ़ने लगी। लोगों का भरोसा बनने लगा। और एक साल के अंदर हमने पहली सफलता देखी।

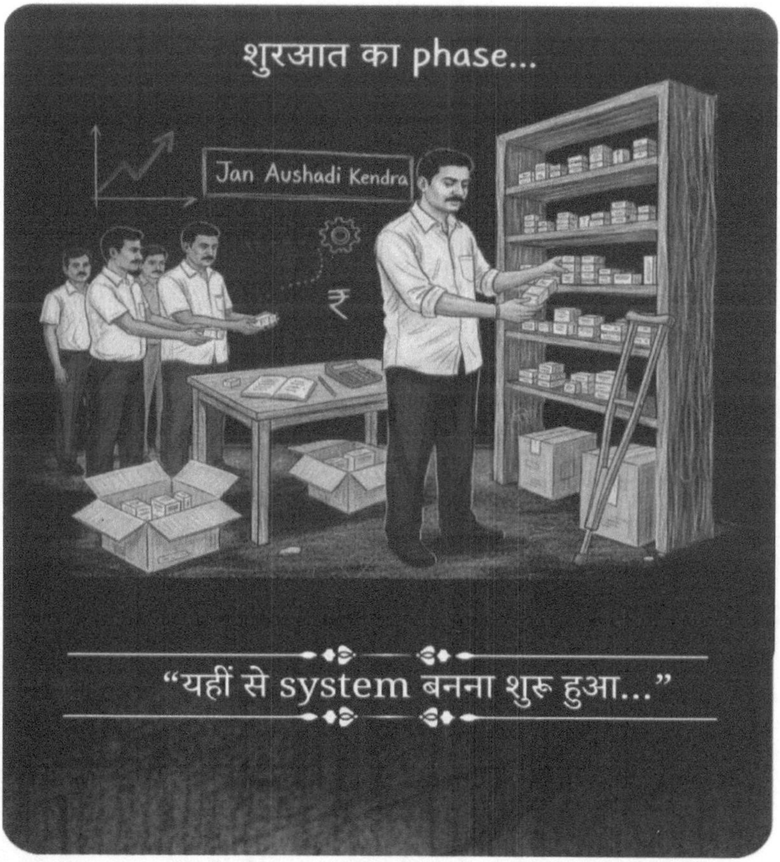

उसके बाद हम सबने मिलकर एक नहीं, चार स्टोर्स खड़े किए।

यहीं से मेरी सबसे बड़ी समझ शुरू हुई।

मैंने पहली बार महसूस किया कि पैसा सिर्फ मेरे काम पर निर्भर नहीं था। सिस्टम काम कर रहा था, और पैसा आ रहा था। यह एक नया अनुभव था।

Robert Kiyosaki इसे पैसिव इनकम कहते हैं—

वह आय जो आपकी मौजूदगी के बिना भी आती रहती है।

यही वह पल था जब मुझे समझ आया कि असली आज़ादी नौकरी से नहीं, सिस्टम से आती है।

इस अनुभव ने मुझे पैसे के खेल के कुछ असली नियम सिखाए।

पहला नियम यह है कि अवसर हमेशा साफ दिखाई नहीं देते। आपको उन्हें देखने के लिए अपनी सोच बदलनी पड़ती है। ज़्यादातर लोग अवसर को नजरअंदाज कर देते हैं क्योंकि वे उसे समस्या के रूप में देखते हैं।

दूसरा नियम यह है कि जोखिम से भागना समाधान नहीं है। असली खेल है कैलकुलेटेड रिस्क लेना। जब आप समझ के साथ जोखिम लेते हैं, तो वही जोखिम आपको आगे ले जाता है।

तीसरा नियम टीम की शक्ति है। सही लोगों के साथ काम करने से आपकी गति कई गुना बढ़ जाती है। आप अकेले जितना कर सकते हैं, टीम के साथ उससे कहीं ज्यादा कर सकते हैं।

चौथा और सबसे महत्वपूर्ण नियम सिस्टम बनाना है। अगर आपकी आय सिर्फ आपके काम पर निर्भर है, तो आप हमेशा सीमित रहेंगे। लेकिन अगर आप एक सिस्टम बना लेते हैं, तो वही सिस्टम आपके लिए लगातार काम करता है।

पहली बार मैंने महसूस किया—

मेरी income सिर्फ मेरी physical मेहनत पर dependent नहीं रही।

अब system काम कर रहा था।
People काम कर रहे थे।
Process काम कर रहा था।

और पैसा flow हो रहा था।

यही वह क्षण था जब मुझे passive income का असली अर्थ समझ आया।

Passive income का मतलब "कुछ किए बिना पैसा" नहीं है।

Passive income का मतलब है—

पहले system build करो...
फिर system आपके लिए काम करे।

यहीं अधिकांश लोग confuse हो जाते हैं।

वे income चाहते हैं...
लेकिन system नहीं बनाना चाहते।

वे freedom चाहते हैं...
लेकिन structure नहीं बनाना चाहते।

लेकिन truth यह है—

Freedom is a byproduct of systems.

इस journey ने मुझे wealth creation के कुछ ऐसे rules सिखाए...
जिन्होंने मेरी पूरी सोच बदल दी।

नियम 1: Opportunity आँखों से नहीं.. Mindset से दिखाई देती है

अधिकांश लोग opportunities को problems समझकर ignore कर देते हैं।

जन औषधि store भी शुरुआत में एक uncertain idea लग रहा था।

लेकिन जहाँ लोग risk देख रहे थे...
वहीं hidden market demand भी थी।

याद रखिए—

Opportunities हमेशा साफ दिखाई नहीं देतीं।

कई बार वे समस्या के रूप में छुपी होती हैं।

नियम 2: Calculated Risk ही Growth का रास्ता है

Risk से भागना safe लग सकता है...
लेकिन लंबे समय में वही सबसे बड़ा risk बन जाता है।

Financially educated लोग risk avoid नहीं करते।
वे risk को understand और manage करते हैं।

क्योंकि—

No risk = No growth.

नियम 3: Team आपकी Speed multiply करती है

अकेले काम करना survival है।

लेकिन सही लोगों के साथ system बनाना scale है।

जयप्रकाश और retired pharmacist के बिना यह संभव नहीं था।

यहीं मैंने समझा—

अकेला इंसान income बना सकता है।

लेकिन team wealth build करती है।

नियम 4: System > Hard Work

अगर आपकी income सिर्फ आपकी मेहनत पर dependent है... तो आपकी growth हमेशा limited रहेगी।

लेकिन जिस दिन आप ऐसा system बना लेते हैं जो आपके बिना भी operate कर सके...

उसी दिन आप time-for-money trap से बाहर निकलना शुरू कर देते हैं।

यही असली financial intelligence है।

धीरे-धीरे मुझे एहसास हुआ—

पहले मैं पैसे के लिए काम कर रहा था।

अब पैसा मेरे लिए काम कर रहा था।

पहले मेरी income linear थी।
अब system scalable था।

और यही wealth creation का सबसे बड़ा difference है।

Job आपको Income देती है।

System आपको Freedom देता है।

याद रखिए— कमाई से ज्यादा जरूरी है...

कमाई की understanding।

क्योंकि high income temporary हो सकती है...
लेकिन strong financial system long-term wealth create करता है।

अब एक पल के लिए रुकिए...
और खुद से पूछिए—

क्या आप सिर्फ काम कर रहे हैं?
या आप कुछ ऐसा बना रहे हैं...
जो भविष्य में आपके लिए काम कर सके?

यही सवाल आपकी पूरी financial direction तय करेगा।

इस अध्याय की सबसे बड़ी सीख बहुत स्पष्ट है—

पैसा कमाना शुरुआत है। पैसा संभालना कौशल है।

लेकिन पैसा बढ़ाना — एक System है।

और जिस दिन आप इस system को समझ लेते हैं...

उसी दिन आपका financial game बदलना शुरू हो जाता है।

अगले अध्याय में मैं आपको बताऊँगा—

मेरी सबसे बड़ी financial mistakes क्या थीं...

और कैसे उन्हीं गलतियों ने मुझे wealth, mindset और decision making का असली अर्थ सिखाया।

अध्याय 11

असफलताएँ और सीख

(The Cost of Financial Ignorance)

ज़िंदगी हमें दो तरीकों से सिखाती है—

या तो हम दूसरों की गलतियों से सीख लें...
या फिर अपनी गलतियों की कीमत चुकाकर सीखें।

मैंने दूसरा रास्ता चुना।

आज जब मैं पीछे मुड़कर देखता हूँ, तो समझ आता है—

मेरी जिंदगी की सबसे महंगी चीज़ें वो नहीं थीं जो मैंने खरीदीं...
बल्कि वो गलत फैसले थे जिन्हें मैंने बिना समझे लिया।

और सच्चाई यह है—

Financial mistakes सिर्फ पैसे नहीं लेतीं...
वे आपका समय, मानसिक शांति और आत्मविश्वास भी ले जाती हैं।

लंबे समय तक मुझे लगता रहा कि—

अगर income बढ़ जाएगी...
तो जिंदगी अपने आप आसान हो जाएगी।

लेकिन धीरे-धीरे मैंने महसूस किया—

Income बढ़ने से पहले अगर financial intelligence नहीं बढ़ती...
तो इंसान सिर्फ बड़े स्तर पर वही गलतियाँ दोहराता है।

मेरी पहली बड़ी गलती थी—

Lifestyle को Wealth समझ लेना

जब मेरी income stable हुई...
तो मैंने वही किया जो अधिकांश middle-class लोग करते हैं।

- घर लिया।
- गाड़ी ली।
- Lifestyle improve किया।

उस समय यह सब achievement जैसा लग रहा था।

और सच कहूँ तो...समाज भी आपको यही सिखाता है।

महंगी चीज़ें = सफलता।

लेकिन धीरे-धीरे मुझे एहसास हुआ—

मैं wealth create नहीं कर रहा था...
मैं financial pressure create कर रहा था।

हर EMI मेरे future income पर claim बन चुकी थी।

मैं वर्तमान में नहीं...
अपने आने वाले कई वर्षों की कमाई खर्च कर चुका था।

यहीं मैंने पहली बार समझा—

हर expensive चीज़ asset नहीं होती।

Robert Kiyosaki कहते हैं—

***"An asset puts money in your pocket.
A liability takes money out."***

पहले मैं liabilities को assets समझ रहा था।

और यही middle-class financial trap का सबसे बड़ा illusion है।

दूसरी गलती — Saving को leftover समझना

मैं पहले खर्च करता था...
फिर जो बच जाए उसे saving कहता था।

समस्या यह है कि modern life में कभी कुछ "बचता" नहीं।

जितनी income बढ़ती है...
उतनी ही इच्छाएँ भी बढ़ जाती हैं।

धीरे-धीरे मुझे एहसास हुआ—

अगर saving priority नहीं है...
तो wealth कभी नहीं बनेगी।

Morgan Housel कहते हैं—

"Saving is the gap between your ego and your income."

यह line मेरे लिए eye-opening थी।

क्योंकि कई बार हमारी financial problems income से नहीं... ego-driven lifestyle से पैदा होती हैं।

तीसरी गलती — सिर्फ Active Income पर निर्भर रहना

लंबे समय तक मेरी पूरी financial life नौकरी पर dependent थी।

उस समय मुझे यह normal लगता था।

लेकिन एक दिन मैंने खुद से पूछा—

अगर मैं कुछ महीनों तक काम न करूँ...
तो क्या मेरी income चलती रहेगी?

और जवाब था—नहीं।

यहीं मुझे एहसास हुआ—

मैं financially secure नहीं था।
मैं सिर्फ financially busy था।

यानी मैं लगातार काम कर रहा था...
लेकिन ऐसा कोई system नहीं बना रहा था जो future में मेरे लिए काम करे।

यही realization बाद में passive income systems बनाने की वजह बना।

चौथी गलती — Financial Education को ignore करना

स्कूल ने मुझे formulas सिखाए...
लेकिन money management नहीं।

समाज ने मुझे नौकरी करना सिखाया...
लेकिन wealth create करना नहीं।

और सच कहूँ तो—

काफी समय तक मैंने भी financial education को seriously नहीं लिया।

मैं सोचता था—

"यह सब अमीर लोगों के लिए होता है।"

लेकिन धीरे-धीरे समझ आया—

Financial literacy luxury नहीं...

survival skill है।

अगर आप पैसे को नहीं समझते...
तो पैसा धीरे-धीरे आपको control करने लगता है।

पाँचवीं गलती — Fear-based decisions

मेरे कई फैसले logic से नहीं...
fear से driven थे।

कई opportunities सिर्फ इसलिए छोड़ दीं क्योंकि मुझे डर था—

अगर fail हो गया तो?

अगर नुकसान हो गया तो?

लेकिन बाद में मैंने समझा—

Failure हमेशा नुकसान नहीं देता।

कई बार failure clarity देता है।

और कई बार सबसे बड़ा नुकसान वही होता है—

जब आप डर की वजह से कोशिश ही नहीं करते।

छठी गलती — खुद को underestimate करना

यह शायद मेरी सबसे invisible mistake थी।

मैं बाहर की limitations से कम...
अपने अंदर की limitations से ज्यादा हार रहा था।

मुझे लगता था—

- मैं ordinary हूँ।
- मेरे पास resources नहीं हैं।
- मैं business नहीं कर सकता।

लेकिन धीरे-धीरे मुझे एहसास हुआ—

सबसे बड़ा poverty trap lack of money नहीं...

lack of belief है।

क्योंकि जिस दिन इंसान खुद को capable मानना शुरू करता है...
उसी दिन opportunities दिखाई देना शुरू हो जाती हैं।

सबसे बड़ा realization

मेरी financial mistakes का असली कारण पैसा नहीं था।

असल कारण था—

Awareness की कमी।

मैं बिना financial understanding के decisions ले रहा था।

और जिंदगी का एक कठोर नियम है—

Wrong financial decisions compound silently.

शुरुआत में उनका असर छोटा लगता है...
लेकिन समय के साथ वही decisions आपकी पूरी financial life shape करते हैं।

यही compounding का dark side है।

लेकिन अच्छी बात यह है—

गलतियाँ अंत नहीं होतीं।

अगर आप उनसे सीख लेते हैं...
तो वही गलतियाँ आपकी सबसे बड़ी teachers बन जाती हैं।

धीरे-धीरे मैंने अपने financial behaviour बदलने शुरू किए।

- मैंने impulsive spending कम की।
- मैंने assets पर focus करना शुरू किया।
- मैंने multiple income sources के बारे में सोचना शुरू किया।
- मैंने money psychology को समझना शुरू किया।

और सबसे महत्वपूर्ण—

मैंने खुद को financially educate करना शुरू किया।

यहीं से मेरी जिंदगी बदलनी शुरू हुई।

आज मैं पूरे विश्वास के साथ कह सकता हूँ—

Financial freedom ज्यादा कमाने से नहीं आती।

Financial wisdom से आती है।

क्योंकि पैसा कमाना skill है...
लेकिन पैसा संभालना maturity है।

और wealth build करना—

एक mindset + system + discipline का खेल है।

इस अध्याय की सबसे बड़ी सीख बहुत स्पष्ट है—

आपकी financial mistakes आपकी identity नहीं हैं।

लेकिन अगर आप उनसे नहीं सीखते...

तो वही mistakes आपकी destiny बन जाती हैं।

याद रखिए—

गलतियाँ आपको तोड़ने नहीं आतीं...
वे आपको जगाने आती हैं।

और जिस दिन आप financial awareness के साथ decisions लेना शुरू करते हैं...

उसी दिन आपकी wealth journey सच में शुरू होती है।

अगले अध्याय में हम समझेंगे—

छोटी जीतें कैसे बड़ी सफलता बनती हैं

और क्यों consistency, compounding और patience ही wealth creation का असली secret हैं।

अध्याय 12

छोटी जीत से बड़ी सफलता

(The Power of Small Wins & Compounding)

दुनिया का अधिकांश हिस्सा बड़ी सफलता चाहता है...
लेकिन बहुत कम लोग छोटे कदम उठाने के लिए तैयार होते हैं।

हर कोई extraordinary life चाहता है—
लेकिन ordinary daily actions से बचता है।

लोग इंतज़ार करते रहते हैं—

सही समय का...
बड़े मौके का...
Perfect शुरुआत का...

लेकिन जिंदगी का एक गहरा सच यह है—

बड़ी सफलता कभी एक बड़े कदम से नहीं बनती।

वह छोटी-छोटी जीतों के लगातार जुड़ने से बनती है।

यही compounding का असली सिद्धांत है।

और यह सिर्फ पैसों पर लागू नहीं होता।

यह आपकी habits, confidence, discipline, identity और पूरे future पर लागू होता है।

Morgan Housel लिखते हैं—

"Small actions repeated consistently create extraordinary outcomes over time."

पहली नजर में यह simple लगता है...
लेकिन यही principle दुनिया के हर बड़े transformation के पीछे छुपा होता है।

मेरी जिंदगी में भी बदलाव किसी एक massive decision से नहीं आया।

कोई overnight success नहीं थी।
कोई magical breakthrough नहीं था।

सब कुछ शुरू हुआ...
एक छोटे से सवाल से।

"क्या मैं नौकरी के अलावा भी पैसा बना सकता हूँ?"

यह सवाल छोटा था...
लेकिन इसने मेरी पूरी reality बदल दी।

साल 2016 मेरे जीवन का turning point था।

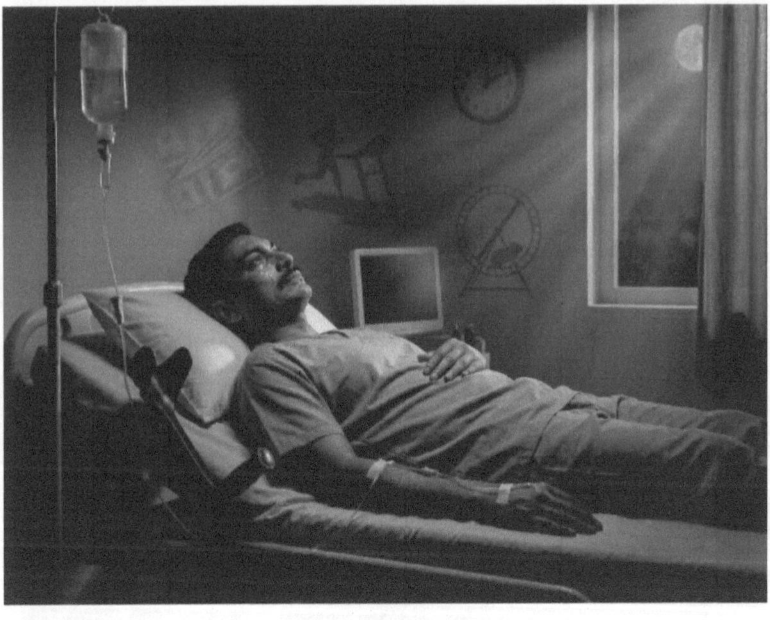

मैं अचानक बीमार पड़ा...
और 22 दिनों तक अस्पताल के बिस्तर पर रहा।

वह सिर्फ physical बीमारी नहीं थी।

वह मेरे mindset को जगाने वाला moment था।

क्योंकि जब जिंदगी आपको रोक देती है...
तभी आपको पहली बार सोचने का समय मिलता है।

अस्पताल के उस कमरे में...
जहाँ सिर्फ मशीनों की आवाज थी और लंबा सन्नाटा...

मेरे अंदर एक सवाल बार-बार गूंज रहा था—

"अगर मैं काम करना बंद कर दूँ...
तो मेरी income कितने दिन चलेगी?"

और जवाब था— **Zero.**

उस जवाब ने मुझे भीतर तक हिला दिया।

क्योंकि पहली बार मुझे एहसास हुआ—

मैं income कमा रहा था...
लेकिन financial security नहीं बना रहा था।

Robert Kiyosaki कहते हैं—

"Sometimes life pushes you to wake you up."

वे 22 दिन मेरे लिए वही wake-up call थे।

कई बार जिंदगी हमें तोड़ती नहीं... जगाती है।

और वहीं मैंने एक छोटा कदम उठाने का फैसला किया।

मैंने YouTube पर अपना चैनल शुरू किया—

"Health Rank"(www.youtube.com/@healthrank)

जहाँ मैं दवाइयों के reviews, health tips और बीमारियों से जुड़ी जानकारी साझा करता था।

शुरुआत बहुत साधारण थी।

- कोई professional setup नहीं।

- कोई बड़ी audience नहीं।
- कोई income नहीं।

कई videos पर मुश्किल से कुछ views आते थे।

कई बार मन में doubt आता था—

“क्या यह सच में काम करेगा?”

लेकिन मैंने एक चीज़ नहीं छोड़ी—

Consistency.

यही वह quality है जो ordinary लोगों को extraordinary बनाती है।

मैं लगातार videos बनाता रहा। सीखता रहा। Improve करता रहा।

धीरे-धीरे... बिना मुझे महसूस हुए...

मैं सिर्फ content नहीं बना रहा था।

मैं अपना नया identity बना रहा था।

और फिर एक दिन...
मेरी पहली online income आई।

रकम बहुत छोटी थी।

इतनी छोटी कि शायद कोई दूसरा उसे ignore कर देता।

लेकिन मेरे लिए वह amount नहीं... एक proof थी।

Proof कि—

"मैं नौकरी के बिना भी income create कर सकता हूँ।"

यही मेरी पहली छोटी जीत थी।

और कई बार जिंदगी बदलने के लिए बस एक छोटी जीत ही काफी होती है।

क्योंकि छोटी जीतें सिर्फ पैसा नहीं देतीं...
वे possibility देती हैं।

उस दिन पहली बार मेरे अंदर यह belief पैदा हुआ—

"अगर मैं यह कर सकता हूँ...

तो मैं और भी कर सकता हूँ।"

यहीं से मेरा mindset बदलना शुरू हुआ।

अब मैं सिर्फ salary के बारे में नहीं सोच रहा था।
अब मैं systems, creation और long-term freedom के बारे में सोचने लगा था।

धीरे-धीरे मेरे decisions बदलने लगे।

और फिर वही छोटी जीत...
आगे चलकर बड़े decisions की foundation बनी।

जन औषधि स्टोर शुरू करना भी उसी confidence का परिणाम था।

लेकिन अगर सच कहूँ—

तो वह बड़ा कदम उस पहली छोटी जीत के बिना कभी संभव नहीं था।

यहीं compounding का असली खेल शुरू होता है।

लोग compounding को सिर्फ finance में समझते हैं।

लेकिन वास्तविकता यह है—

Compounding is a life principle.

- ✓ आपकी छोटी habits compound होती हैं।
- ✓ आपका confidence compound होता है।
- ✓ आपकी self-image compound होती है।
- ✓ आपके daily actions compound होते हैं।

Albert Einstein ने compounding को
"दुनिया का आठवाँ अजूबा" कहा था।

लेकिन अधिकांश लोग इसका psychological side कभी समझ ही नहीं पाते।

- ✓ एक छोटी जीत → confidence बढ़ाती है।
- ✓ Confidence → bigger action लेने की ताकत देता है।
- ✓ Bigger action → bigger result पैदा करता है।
- ✓ और bigger result → identity बदल देता है।

यही success का hidden mathematics है।

लेकिन यहाँ सबसे बड़ी समस्या क्या है?

लोग शुरुआत ही नहीं करते।

वे सोचते रहते हैं—

- ✓ "जब मेरे पास ज्यादा पैसा होगा..."
- ✓ "जब perfect समय आएगा..."
- ✓ "जब confidence आएगा..."

✓ लेकिन truth यह है—

Confidence action से आता है...

इंतज़ार से नहीं।

Perfect timing जैसी कोई चीज़ नहीं होती।

सही समय बनाया जाता है।

James Clear लिखते हैं—

"Every action you take is a vote for the person you wish to become."

यानी हर छोटा action आपकी नई identity बना रहा होता है।

अगर आप रोज़ छोटे positive actions लेते हैं...
तो धीरे-धीरे आपका पूरा future बदलने लगता है।

याद रखिए—

Success rarely happens suddenly.

It happens silently.

धीरे-धीरे। लगातार।
Invisible तरीके से।

और फिर एक दिन लोग कहते हैं—

"तुम अचानक सफल हो गए।"

जबकि उन्हें वह हजारों छोटे कदम दिखाई नहीं देते... जो उस सफलता के पीछे थे।

अगर आप सच में अपनी जिंदगी बदलना चाहते हैं...

तो आज कोई बहुत बड़ा फैसला लेने की जरूरत नहीं है।

बस एक छोटा कदम उठाइए।

- ✓ एक नई habit।
- ✓ एक नई skill।
- ✓ एक नया प्रयास।

लेकिन उसे repeat कीजिए। क्योंकि—

Small actions + Consistency + Time

= Extraordinary Results

इस अध्याय की सबसे बड़ी सीख बहुत सरल है—

- ✓ **छोटा शुरू करो।**
- ✓ **लगातार करते रहो।**
- ✓ **और समय को अपना काम करने दो।**

याद रखिए—

आपको शुरुआत में महान बनने की जरूरत नहीं है...
लेकिन महान बनने के लिए शुरुआत करनी पड़ेगी।

अब खुद से एक सवाल पूछिए—

क्या आप अभी भी “perfect moment” का इंतज़ार कर रहे हैं?

या आज अपनी पहली छोटी जीत की शुरुआत करेंगे?

क्योंकि कई बार आपकी पूरी जिंदगी बदलने के लिए...

बस एक छोटा कदम ही काफी होता है।

अगले अध्याय में हम समझेंगे—

कैसे आपका Mindset आपकी Financial Reality बनाता है

और कैसे आप अपने subconscious financial blueprint को बदलकर अपनी पूरी जिंदगी की दिशा बदल सकते हैं।

अध्याय 13

माइंड रीप्रोग्रामिंग

(Rewiring the Financial Blueprint)

सफलता सबसे पहले बाहर की दुनिया में नहीं दिखाई देती।

उसकी शुरुआत अंदर होती है।

- हर बड़ी उपलब्धि...
- हर बड़ा बदलाव...
- हर नई दिशा...

सबसे पहले इंसान के दिमाग में जन्म लेती है।

बाहरी दुनिया सिर्फ उस आंतरिक दुनिया का reflection होती है...
जो पहले से आपके भीतर चल रही होती है।

लंबे समय तक मुझे भी यही लगता था कि जिंदगी बदलने के लिए
बस ज्यादा पैसे चाहिए।

लेकिन अनुभव, संघर्ष और सीख ने मुझे एक बहुत गहरी सच्चाई समझाई—

आपकी बाहरी परिस्थितियाँ...

आपके आंतरिक विश्वासों का परिणाम होती हैं।

अगर भीतर scarcity है...तो बाहर abundance टिक नहीं सकती।

अगर भीतर डर है...तो अवसर सामने होकर भी दिखाई नहीं देंगे।

Joseph Murphy कहते हैं—

"Wealth is rooted in the mind."

पहले मुझे यह सिर्फ motivational line लगती थी।

लेकिन धीरे-धीरे मुझे एहसास हुआ—

Wealth बैंक अकाउंट से पहले subconscious mind में बनती है।

क्योंकि इंसान हमेशा उसी level की reality create करता है...
जिस level की identity वह भीतर महसूस करता है।

अगर भीतर आप खुद को सीमित मानते हैं...
तो बाहर आपकी जिंदगी भी सीमित रह जाएगी।

लेकिन जिस दिन आप अपनी inner programming बदलना शुरू करते हैं...
उसी दिन आपकी outer reality बदलनी शुरू हो जाती है।

मेरे जीवन में असली transformation की शुरुआत
किसी business opportunity से नहीं हुई।

वह शुरू हुई—

स्वाध्याय से।

जब मैंने सीखना शुरू किया...
तो पहली बार मुझे एहसास हुआ कि मैं सिर्फ पैसे की कमी से नहीं...
limited thinking से struggle कर रहा था।

धीरे-धीरे मेरा पुराना mental blueprint टूटने लगा।

Robert Kiyosaki कहते हैं—

"Money is really just an idea."

यह line मेरे लिए सिर्फ quote नहीं थी।

यह एक awakening थी।

क्योंकि अगर पैसा एक idea है...
तो wealth creation भी सबसे पहले thinking का game है।

मैंने कुछ ऐसी किताबें पढ़ीं जिन्होंने मेरे सोचने का तरीका बदल दिया।

Rich Dad Poor Dad

इस किताब ने पहली बार मुझे समझाया—

अमीर लोग सिर्फ मेहनत नहीं करते...
वे systems create करते हैं।

वे अपनी जिंदगी time-for-money model पर नहीं चलाते।

वे assets बनाते हैं...
cash flow बनाते हैं...
और पैसा उनके लिए काम करता है।

यह मेरे लिए बिल्कुल नया perspective था।

फिर मैंने पढ़ी—

The Psychology of Money

Morgan Housel ने मुझे एक और गहरी सच्चाई समझाई—

"Financial success is not a hard science. It's a soft skill."

यानी wealth सिर्फ intelligence का खेल नहीं है...
यह behavior का खेल है।

कई बार average लोग extraordinary wealth बना लेते हैं...
क्योंकि उनका financial behavior strong होता है।

और कई highly educated लोग financial stress में जीते रहते हैं...
क्योंकि उनका mindset कमजोर होता है।

फिर मेरे हाथ लगी—

The Secret

इस किताब ने पहली बार मुझे thoughts और energy के connection से परिचित कराया।

मैंने समझना शुरू किया—

आपके विचार सिर्फ सोच नहीं हैं।
वे आपकी frequency हैं।

और धीरे-धीरे आप उसी तरह की चीज़ों को attract करने लगते हैं...
जिस तरह की identity भीतर carry करते हैं।

यहीं से मेरे पुराने beliefs टूटने शुरू हुए।

- "पैसा कमाना मुश्किल है..."
- "हम middle class हैं..."
- "हमारे बस की बात नहीं है..."

ये सिर्फ sentences नहीं थे।

ये subconscious programs थे...
जो सालों से मेरे decisions चला रहे थे।

लेकिन धीरे-धीरे उनकी जगह नए beliefs आने लगे—

✓ **"मैं सीख सकता हूँ।"**
✓ **"मैं बदल सकता हूँ।"**
✓ **"मैं create कर सकता हूँ।"**

और यहीं से मेरी inner identity बदलनी शुरू हुई।

फिर 2016 में मेरी जिंदगी में एक और powerful turning point आया—

NLP (Neuro-Linguistic Programming)

यहीं से मेरी mind reprogramming का असली सफर शुरू हुआ।

NLP ने मुझे एक बेहद powerful realization दिया—

आपका दिमाग एक program की तरह काम करता है।

अगर आपके results बार-बार वही आ रहे हैं...
तो समस्या दुनिया में नहीं...
programming में हो सकती है।

यही realization life-changing था।

मैंने पहली बार अपने subconscious patterns observe करना शुरू किया।

कहाँ मैं डर जाता हूँ...
कहाँ मैं खुद को रोक देता हूँ...
कहाँ मैं opportunities से पीछे हट जाता हूँ...

धीरे-धीरे मुझे एहसास हुआ—

कई बार इंसान बाहर की परिस्थितियों से कम...
अपने invisible mental patterns से ज्यादा हारता है।

फिर मैंने consciously उन patterns को बदलना शुरू किया।

मैंने अपने self-talk पर काम करना शुरू किया।

क्योंकि आपकी जिंदगी का सबसे प्रभावशाली संवाद
वह होता है जो आप खुद से करते हैं।

मैंने “I AM” statements का इस्तेमाल करना शुरू किया—

- ✓ **"I am capable."**
- ✓ **"I deserve financial freedom."**
- ✓ **"I am creating abundance."**
- ✓ **"I am becoming stronger every day."**

शुरुआत में यह awkward लगा।

दिमाग विरोध करता था।

क्योंकि subconscious mind हमेशा familiar identity को पकड़कर रखना चाहता है।

लेकिन धीरे-धीरे...

ये सिर्फ words नहीं रहे।

वे मेरी identity बनने लगे।

और यही subconscious transformation की असली शक्ति है।

आप जो बार-बार सोचते हैं...

वही धीरे-धीरे आपकी reality बन जाता है।

इस बदलाव का असर सिर्फ मेरी सोच पर नहीं पड़ा।

मेरे decisions बदलने लगे।

जहाँ पहले मैं fear देखता था...
अब मैं opportunity देखने लगा।

जहाँ पहले मैं react करता था...
अब मैं consciously choose करने लगा।

और यही emotional mastery की शुरुआत है।

क्योंकि successful लोग परिस्थितियों से नहीं चलते...
वे अपनी internal state से चलते हैं।

धीरे-धीरे मेरा focus भी बदल गया।

पहले मैं सोचता था—

"मैं कितना कमा सकता हूँ?"

अब मैं सोचने लगा—

"मैं ऐसा कौन सा system create कर सकता हूँ...

जो long-term freedom दे?"

यही shift wealth consciousness की शुरुआत है।

याद रखिए—

आपका financial thermostat

आपकी subconscious identity तय करती है।

अगर भीतर आप खुद को limited महसूस करते हैं...
तो बाहर कितनी भी income आ जाए...
आप abundance महसूस नहीं करेंगे।

क्योंकि wealth सिर्फ amount नहीं है।
Wealth एक internal state है।

आज जब मैं पीछे देखता हूँ...
तो समझ आता है—

मेरी असली सफलता YouTube, business या income नहीं थी।

मेरी असली सफलता थी—

खुद को भीतर से बदलना।

क्योंकि उसी बदलाव ने मुझे opportunities देखने, risks लेने और systems बनाने लायक बनाया।

अब आपके लिए एक छोटा लेकिन powerful action plan—

1. रोज़ कुछ नया सीखें

क्योंकि learning subconscious limits तोड़ती है।

2. अपने beliefs observe करें

हर बार जब दिमाग कहे—"मैं नहीं कर सकता"...
तो पूछें—"क्यों?"

3. Negative self-talk तुरंत replace करें

आपका subconscious हर शब्द record करता है।

4. Daily affirmations बोलें

Identity repetition से बनती है।

5. खुद पर invest करें

क्योंकि सबसे बड़ा asset हमेशा "आप" हैं।

इस अध्याय की सबसे बड़ी सीख बहुत स्पष्ट है—

Success बाहर नहीं मिलती।

उसे पहले भीतर बनाया जाता है।

जिस दिन आप अपने mind के master बन जाते हैं...

उसी दिन आपकी जिंदगी direction बदलना शुरू कर देती है।

क्योंकि—

बाहर की दुनिया बदलने से पहले...

भीतर की दुनिया बदलनी पड़ती है।

अगले अध्याय में हम समझेंगे—

पैसा और "देने" (Giving) का गहरा संबंध

और क्यों abundance सिर्फ कमाने से नहीं...
बल्कि flow create करने से आती है।

अध्याय 14

पैसा और देने का नियम

(Giving – The Flow of Wealth)

ज़्यादातर लोग मानते हैं कि पैसा ही सब कुछ है। लेकिन जब आप जिंदगी को गहराई से समझते हैं...तो एक बहुत बड़ी सच्चाई सामने आती है—

पैसा अंतिम लक्ष्य नहीं है।
पैसा सिर्फ एक माध्यम (Medium) है।

असली समृद्धि सिर्फ कमाने में नहीं होती...
असली समृद्धि उस flow में होती है
जहाँ आप पाना भी जानते हैं...
और देना भी।

क्योंकि जिंदगी का हर नियम flow पर चलता है।

सांस भी तब तक जीवन देती है
जब तक वह अंदर और बाहर दोनों दिशाओं में बहती रहती है।

खून भी तब तक शरीर को जीवित रखता है
जब तक वह circulate करता रहता है।

और पैसा भी ठीक वैसा ही है।

Money Loves Flow

पैसा सिर्फ मेहनत से नहीं आता...
पैसा attention, appreciation और circulation से attract होता है।

जैसे plants को पानी चाहिए...
वैसे wealth को emotional energy चाहिए।

अगर इंसान पैसे से डरता है...पैसे को बुरा मानता है...
या हमेशा कमी की भाषा बोलता है—

तो उसका subconscious mind scarcity create करता है।

लेकिन जब इंसान पैसे की respect करना शुरू करता है...
तब उसका flow बदलने लगता है।

याद रखिए—

Money Loves Attention

जिस चीज़ पर आपका ध्यान जाता है...
वह चीज़ बढ़ने लगती है।

अगर आप हर समय सिर्फ bills, EMI और कमी पर focus करेंगे...
तो दिमाग उसी reality को मजबूत करेगा।

लेकिन अगर आप gratitude, value creation और abundance पर focus करेंगे...
तो आपका subconscious उसी दिशा में opportunities ढूँढना शुरू कर देगा।

जापान में एक शब्द है—

"Arigato"

कुछ लोग money देते समय भी gratitude feel करते हैं।
क्योंकि वे जानते हैं—

पैसा जा नहीं रहा... वह circulate हो रहा है।

और circulation ही abundance का आधार है।

पैसा एक ऊर्जा है

और हर ऊर्जा की एक बुनियादी प्रकृति होती है—

उसे बहना पड़ता है।

अगर पानी रुक जाए...
तो सड़ने लगता है।

अगर हवा बंद हो जाए...
तो दम घुटने लगता है।

और अगर पैसा सिर्फ पकड़कर रखा जाए...
तो वह fear पैदा करने लगता है।

लेकिन जब पैसा सही दिशा में flow करता है...
तो वह value, trust और opportunities create करता है।

Robert Kiyosaki कहते हैं—

"To receive money, you must first learn to give."

पहले मुझे यह line सिर्फ motivational लगती थी।
लेकिन धीरे-धीरे जिंदगी ने इसका असली अर्थ समझाया।

यह सिर्फ charity की बात नहीं है...
यह consciousness की बात है।

Subconscious Association of Money

आपका subconscious mind
हर experience के साथ association बनाता है।

अगर पैसा हमेशा stress, fear और greed से जुड़ा रहेगा...
तो आपका subconscious wealth को unsafe मानने लगेगा।

लेकिन जब पैसा gratitude, service और appreciation से जुड़ता है...
तो subconscious wealth को positive energy की तरह accept करता है।

यही कारण है कि—

कुछ लोग बहुत कमाकर भी अंदर से गरीब रहते हैं...
और कुछ लोग कम resources में भी peaceful रहते हैं।

मेरे जीवन का छोटा नियम... जिसने मेरी सोच बदल दी

मेरे जीवन में यह बदलाव किसी बड़े दान से शुरू नहीं हुआ।

यह शुरू हुआ एक बहुत छोटे कदम से।

मैंने अपने लिए एक नियम बनाया—

हर महीने की 1 से 5 तारीख के बीच...
मैं उस सरकारी अस्पताल में मरीजों को बिस्किट के पैकेट बाँटता था जहाँ मैं नौकरी करता था।

यह कोई बहुत बड़ा दान नहीं था।

लेकिन धीरे-धीरे मैंने अपने अंदर एक बदलाव महसूस किया।

जब मैं किसी जरूरतमंद को कुछ देता था...
तो मेरे भीतर एक अलग शांति पैदा होती थी।

ऐसा लगता था जैसे मैं सिर्फ किसी और की मदद नहीं कर रहा...
मैं अपने अंदर की कमी वाली सोच को भी heal कर रहा हूँ।

क्योंकि सच यह है—

देने से पहले इंसान के पास पैसा नहीं बढ़ता...
पहले उसकी consciousness बढ़ती है।

Joseph Murphy लिखते हैं—

"Your subconscious mind responds to what you truly believe."

जब आप लगातार सिर्फ डर में जीते हैं...
तो आपका subconscious scarcity create करता है।

लेकिन जब आप देने लगते हैं...
तो आप अपने मन को train करते हैं कि—

✓ "मैं सुरक्षित हूँ।"
✓ "मेरे पास पर्याप्त है।"
✓ "मैं अभाव में नहीं जी रहा।"
✓ "मेरे पास इतना है कि मैं बाँट सकता हूँ।"

और यही abundance psychology की शुरुआत है।

जिंदगी ने मुझे यह नियम practically सिखाया

2011 में मेरी पत्नी pregnant थीं।

हम एक private doctor से regular checkup करवा रहे थे।

लेकिन अचानक दिवाली की छुट्टियों के दौरान
एक रात उन्हें labor pain शुरू हुआ।

हमने कई private hospitals और doctors से संपर्क करने की कोशिश की...
लेकिन दिवाली की छुट्टियों के कारण कोई उपलब्ध नहीं था।

वह एक तनाव और डर से भरी रात थी।

उस समय मैंने एक निर्णय लिया—

मैं अपनी पत्नी को उसी सरकारी अस्पताल में ले गया,
जहाँ मैं खुद सेवा करता था।

और जो हुआ...

वह मेरे लिए सिर्फ medical treatment नहीं था।
वह एक emotional realization था।

सब कुछ इतनी सहजता और सुरक्षा के साथ हुआ
कि अगले दिन... नए साल की शाम पर मेरी बेटी Richa का जन्म हुआ।

बिना किसी complication के।
बिना किसी financial burden के।

2017 में मेरे बेटे Dhruv के जन्म के समय भी
लगभग वैसी ही परिस्थिति बनी।

और फिर से सब कुछ उसी सरकारी अस्पताल में सुरक्षित और सहज तरीके से हो गया।

अब इसे आप coincidence कह सकते हैं...
या faith।

लेकिन मेरे लिए यह एक गहरा संकेत था—

जब आप निस्वार्थ भाव से समाज को value देते हैं...
तो जिंदगी किसी न किसी रूप में आपको protect भी करती है।

क्योंकि giving सिर्फ बाहर नहीं जाता...
वह भीतर भी लौटता है।

Money Allocation का नियम

ज़्यादातर लोग पैसा आते ही उसे खर्च कर देते हैं।

लेकिन financially aware लोग
पैसे को purpose देते हैं।

हर रुपये को एक direction देते हैं।

मैंने धीरे-धीरे एक simple allocation system समझा—

✓ कुछ हिस्सा investment के लिए
✓ कुछ हिस्सा learning के लिए
✓ कुछ हिस्सा emergency के लिए
✓ और कुछ हिस्सा giving के लिए

यही healthy money psychology है।

अगर पैसा सिर्फ consumption में जाएगा...
तो stress बढ़ेगा।

लेकिन अगर पैसा creation, growth और contribution में जाएगा...
तो wealth बढ़ेगी।

Giving सिर्फ charity नहीं है

Morgan Housel कहते हैं—

"Wealth is more about behavior than money."

और यही giving का असली psychological power है।

Giving सिर्फ donation नहीं है।

✓ Giving आपके behavior को बदलता है।
✓ आपके ego को soften करता है।
✓ आपके subconscious fear को कम करता है।
✓ और आपको emotionally balanced बनाता है।

क्योंकि जो इंसान सिर्फ लेने की मानसिकता में जीता है...
वह हमेशा डर में जीता है।

लेकिन जो इंसान flow create करता है...
वह trust में जीता है।

और trust हमेशा fear से ज्यादा powerful होता है।

असली अमीरी कहाँ होती है?

धीरे-धीरे मुझे समझ आया—

असली अमीरी bank balance में नहीं होती।
असली अमीरी mindset और heartset में होती है।

कई लोग करोड़ों कमाते हैं...
लेकिन भीतर से गरीब रहते हैं।

क्योंकि उन्हें हमेशा डर रहता है—

"अगर यह चला गया तो?"

लेकिन कुछ लोग कम resources में भी शांत रहते हैं...
क्योंकि उनके भीतर abundance का विश्वास होता है।

याद रखिए—

पैसा सिर्फ वही बढ़ाता है...
जो पहले से आपके भीतर मौजूद है।

अगर भीतर fear है...
तो पैसा fear बढ़ा देगा।

अगर भीतर greed है...
तो पैसा greed बढ़ा देगा।

लेकिन अगर भीतर gratitude और purpose है...
तो पैसा impact बढ़ा देगा।

अब practically क्या करें?

बहुत simple चीजें।

1. Giving Habit बनाइए

अपनी income का छोटा हिस्सा अलग रखें।
चाहे 1% ही क्यों न हो।

2. Appreciation सीखिए

जब पैसा खर्च करें...
तो guilt नहीं, gratitude feel करें।

3. Service करें

किसी की मदद करें।
किसी की बात सुनें।
Value दें।

4. Knowledge Share करें

जो आपने सीखा है...
उसे दूसरों तक पहुँचाएँ।

5. Gratitude को daily ritual बनाइए

क्योंकि grateful mind abundance attract करता है।

इस अध्याय की सबसे बड़ी सीख

पैसा तब बढ़ता है... जब वह सही दिशा में बहता है।

और जिस दिन आपका रिश्ता पैसे से बदल जाता है...
उसी दिन पैसा भी आपके साथ अपना व्यवहार बदलना शुरू कर देता है।

अब एक सवाल खुद से पूछिए—

क्या आप सिर्फ पाने में विश्वास रखते हैं?
या flow create करने के लिए भी तैयार हैं?

क्योंकि जिंदगी हमेशा उसी इंसान को ज्यादा देती है...
जो सिर्फ अपने लिए नहीं जीता।

अगले अध्याय में हम बात करेंगे—

कैसे आपकी पूरी financial journey को
एक practical action plan में बदला जाए...

ताकि wealth सिर्फ एक सपना नहीं...
बल्कि आपकी नई reality बन जाए।

अध्याय 15

अगर मैं कर सकता हूँ...

तो आप भी कर सकते हैं।

(The Power of Decision & Self-Belief)

कभी-कभी ज़िंदगी हमें ऐसे मोड़ पर लाकर खड़ा कर देती है...
जहाँ आगे का रास्ता धुंधला दिखता है।

डर होता है...
भविष्य को लेकर उलझन होती है...
और सबसे खतरनाक लड़ाई तब शुरू होती है—

जब इंसान खुद पर शक करना शुरू कर देता है।

मैंने यह सब महसूस किया है।
मैंने इसे सिर्फ पढ़ा नहीं... जिया है।

- एक छोटा सा गाँव...
- खारा पानी...
- सीमित संसाधन...
- पोलियो से प्रभावित शरीर...
- और आर्थिक संघर्ष से भरा बचपन।

ऊपर से समाज के ताने—

"बिचारा... ये क्या कर पाएगा?"

ये सिर्फ शब्द नहीं थे...
ये मेरे अवचेतन मन (Subconscious Mind) में डाले जा रहे मानसिक प्रोग्राम थे।

धीरे-धीरे इंसान वही मानने लगता है
जो दुनिया उसके बारे में बार-बार कहती है।

और यही वह जगह है
जहाँ ज़्यादातर लोग हार जाते हैं।

वे परिस्थितियों से नहीं हारते...
वे अपने मन में बनी "पहचान" से हार जाते हैं।

लेकिन मेरी ज़िंदगी में एक पल ऐसा आया
जब मैंने खुद से एक सवाल पूछा—

"क्या मैं अपनी कहानी का लेखक खुद बन सकता हूँ?"

और वहीं से सब बदलना शुरू हुआ।

ज़्यादातर लोग सोचते हैं कि सफल लोग अलग होते हैं।
उनके पास ज्यादा पैसा होता है...
ज्यादा talent होता है...
या ज्यादा support होता है।

लेकिन सच्चाई इससे बिल्कुल अलग है।

सफल और असफल लोगों के बीच सबसे बड़ा फर्क परिस्थितियों का नहीं... निर्णयों का होता है।

Morgan Housel कहते हैं:

"Financial success intelligence का नहीं, behaviour का खेल है।"

यही बात जीवन पर भी लागू होती है।

मेरे और आपके बीच कोई जादुई फर्क नहीं था।

न मैं जीनियस था...
न मेरे पास powerful connections थे...
न मेरे पास शुरुआत में पैसा था।

फर्क सिर्फ इतना था—

मैंने हार मानने से इनकार कर दिया।

याद रखिए—

***ज़िंदगी में सबसे बड़ा बदलाव तब आता है...
जब आप बहाने बनाना छोड़कर Action लेना शुरू करते हैं।***

Robert Kiyosaki कहते हैं:

"Opportunities come and go, but those who act fast move ahead."

यही असली अंतर है।

कुछ लोग पूरी ज़िंदगी सोचते रहते हैं—
और कुछ लोग डर के बावजूद कदम उठा लेते हैं।

अब खुद से एक ईमानदार सवाल पूछिए—

आपको वास्तव में क्या रोक रहा है?

- डर?
- पैसों की कमी?
- आत्मविश्वास की कमी?
- लोगों की राय?
- असफलता का भय?

सच्चाई यह है—

इनमें से कोई भी आपकी असली समस्या नहीं है।

असली समस्या है—

आपके मन की सीमाएँ (Mental Limits)

डर आपको इसलिए रोकता है
क्योंकि आपका दिमाग आपको सुरक्षित रखना चाहता है।

लेकिन growth कभी comfort zone में नहीं मिलती।

हर नया स्तर
आपसे एक नया version माँगता है।

असफलता से मत डरिए।

क्योंकि—

हर असफलता आपके सिस्टम को upgrade करती है।

जो लोग गिरने से डरते हैं...
वे चलना भी नहीं सीख पाते।

और पैसे की कमी?

बहुत लोग सोचते हैं—

"अगर मेरे पास पैसा होगा, तब मैं शुरू करूंगा।"

लेकिन सच्चाई उलटी है।

पहले Financial IQ आता है...

फिर पैसा आता है।

अगर सिर्फ पैसा ही समाधान होता—
तो lottery winners हमेशा अमीर रहते।

लेकिन ऐसा नहीं होता।

क्यों?

क्योंकि बिना सही मानसिकता और सिस्टम के पैसा टिकता नहीं।

अब बात आत्मविश्वास की।

आत्मविश्वास पैदा नहीं होता।

आत्मविश्वास बनता है—

- छोटे कदमों से
- छोटे निर्णयों से
- छोटे-छोटे wins से

मैंने भी यही किया।

मैंने कोई giant leap नहीं लिया।

मैंने छोटे कदम उठाए।

- गलतियाँ कीं...
- सीखा...
- फिर दोबारा कोशिश की।

धीरे-धीरे मेरा “Financial Thermostat” बदलने लगा।

जहाँ पहले मेरा दिमाग सिर्फ survival सोचता था—
अब वह growth सोचने लगा।

यही वह पल होता है
जब इंसान victim से creator बनता है।

Rhonda Byrne लिखती हैं:

“आप वही बनते हैं, जिसके बारे में आप लगातार सोचते हैं।”

लेकिन सिर्फ positive सोचने से कुछ नहीं बदलता।

Thought + Action = Transformation

यही असली formula है।

अगर आप इस किताब में दिए गए सिद्धांतों को सिर्फ पढ़ेंगे नहीं... बल्कि लागू करेंगे—

तो बदलाव निश्चित है।

धीरे-धीरे... लेकिन स्थायी रूप से।

याद रखिए—

Compounding सिर्फ पैसे में नहीं होती।

Compounding आपके—

- ✓ Decisions में होती है
- ✓ Habits में होती है
- ✓ Confidence में होती है
- ✓ Identity में होती है

आज लिया गया एक छोटा सही निर्णय... कल आपकी पूरी ज़िंदगी बदल सकता है।

इस अध्याय की सबसे बड़ी सीख:

मैं खास नहीं था... मैंने बस हार नहीं मानी।

अगर मैं अपने हालात बदल सकता हूँ...
अगर मैं अपने मानसिक ब्लूप्रिंट को rewrite कर सकता हूँ...

तो आप भी कर सकते हैं।

अब फैसला आपका है—

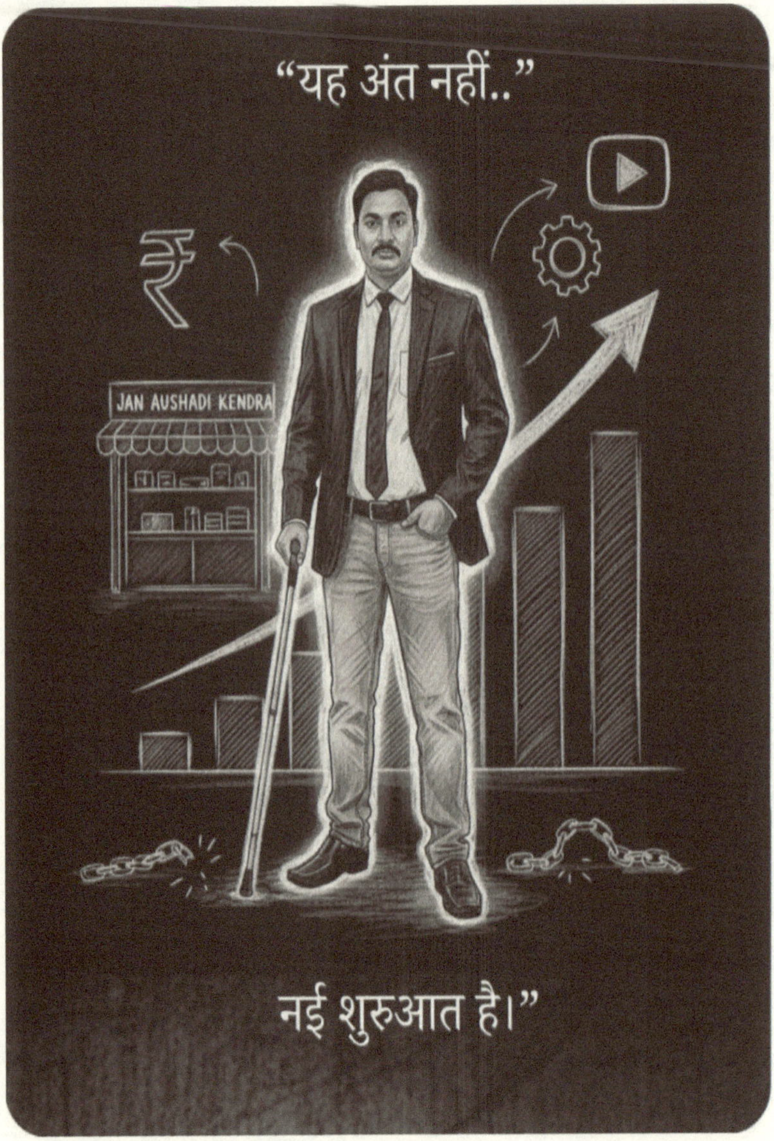

क्या आप वही बने रहेंगे जो आज हैं?

या उस इंसान में बदलेंगे...जो आप वास्तव में बन सकते हैं?

अगले अध्याय में हम बात करेंगे—

"Wealth के Golden Rules"

वे नियम जो आपकी पूरी financial life का सिस्टम बदल सकते हैं।

अध्याय 16

पैसा कमाने का सिस्टम

(Golden Rules of Wealth)

अब तक आपने कहानी समझी...
संघर्ष देखा...
सोच बदली...
और यह भी समझा कि पैसा सिर्फ कमाने की चीज़ नहीं...
समझने की चीज़ है।

लेकिन अब सबसे बड़ा सवाल है—

"अब मुझे करना क्या है?"

यहीं से असली खेल शुरू होता है।

ज़िंदगी में फर्क सिर्फ मेहनत से नहीं पड़ता...
फर्क पड़ता है **सिस्टम** से।

अगर आपके पास सही सिस्टम है—
तो पैसा आपके लिए काम करेगा।

लेकिन अगर सिस्टम नहीं है—
तो आप पूरी ज़िंदगी पैसे के लिए काम करते रहेंगे।

सफल लोग ज्यादा मेहनत नहीं करते...
वे बेहतर सिस्टम बनाते हैं।

और यही अध्याय आपको वे नियम सिखाएगा
जो आर्थिक आज़ादी (Financial Freedom) की नींव बनाते हैं।

Rule 1: पहले खुद में निवेश करो

(Pay Yourself First – Mindset Upgrade)

ज़्यादातर लोग “Pay Yourself First” का मतलब सिर्फ बचत समझते हैं।

लेकिन इसका सबसे गहरा अर्थ है—

सबसे पहला निवेश अपने दिमाग में करना।

Robert Kiyosaki कहते हैं:

"Your mind is your greatest asset."

अगर आपका mindset गरीब है...
तो बड़ी income भी आपको अमीर नहीं बना सकती।

लेकिन अगर आपकी सोच समृद्ध है...
तो छोटी income भी wealth create कर सकती है।

जब भी income आए—
उसका एक हिस्सा सिर्फ survival के लिए नहीं...
growth के लिए अलग रखिए।

- ✓ किताबें पढ़िए
- ✓ Courses सीखिए
- ✓ Skills विकसित कीजिए
- ✓ Mentors से जुड़िए
- ✓ अपने दिमाग को upgrade कीजिए

Warren Buffett कहते हैं:

"The best investment you can make is in yourself."

याद रखिए—

आपकी income कभी आपकी thinking से बड़ी नहीं हो सकती।

Rule 2: Income के प्रकार समझो

(The Game of Cash Flow)

ज़्यादातर लोग सिर्फ एक प्रकार की income जानते हैं—

नौकरी करके पैसा कमाना। लेकिन यही सबसे बड़ा trap है।

अगर आपकी income सिर्फ आपके समय पर निर्भर है...
तो आपकी freedom हमेशा सीमित रहेगी।

Income तीन प्रकार की होती है:

1. Active Income

जहाँ आप समय देकर पैसा कमाते हैं।

2. Passive Income

जहाँ सिस्टम आपके लिए काम करता है।

3. Portfolio Income

जहाँ पैसा... पैसे को पैदा करता है।

अमीर लोग सिर्फ काम नहीं करते...
वे income streams बनाते हैं।

उनका लक्ष्य होता है—

Time को Money में बदलना नहीं...
Money को Freedom में बदलना।

आपका भी लक्ष्य होना चाहिए—

Active Income → Passive Income → Financial Freedom

Rule 3: Assets बनाओ, Liabilities नहीं

Robert Kiyosaki का सबसे powerful rule:

Asset आपकी जेब में पैसा डालता है।
Liability आपकी जेब से पैसा निकालती है।

मिडल क्लास अक्सर दिखावे को wealth समझ लेता है।

- बड़ी कार
- महंगा फोन
- EMI वाला lifestyle

बाहर से अमीर दिख सकता है...लेकिन अंदर से cash flow खत्म कर देता है।

असली wealth वह नहीं जो दिखती है।

असली wealth वह है—

जो आपके लिए लगातार income generate करती है।

इसलिए अपना focus रखिए—

- ✓ Businesses
- ✓ Stocks
- ✓ Real Estate
- ✓ Digital Assets
- ✓ Skills
- ✓ Content Systems

याद रखिए—

दुनिया दिखावे में फँसी है...लेकिन असली खेल Cash Flow का है।

Rule 4: Lifestyle Inflation से बचो

(The Invisible Trap)

जैसे-जैसे income बढ़ती है...वैसे-वैसे खर्च भी बढ़ने लगते हैं।

और यही Middle Class Trap है।

पहले luxury लगने वाली चीजें...धीरे-धीरे "necessity" बन जाती हैं।

Morgan Housel कहते हैं:

"Savings is the gap between your ego and your income."

बहुत लोग ज्यादा इसलिए गरीब नहीं रहते, क्योंकि वे कम कमाते हैं...

वे इसलिए गरीब रहते हैं
क्योंकि हर नई income के साथ नया lifestyle खरीद लेते हैं।

याद रखिए—

अमीरी दिखाई देती है...
लेकिन दौलत दिखाई नहीं देती।

असली wealth वह पैसा है, जो आपने खर्च नहीं किया।

Rule 5: Calculated Risk लेना सीखो

Risk से भागोगे...
तो growth रुक जाएगी।

लेकिन बिना समझे risk लेना भी खतरनाक है।

इसलिए—

सीखो → समझो → विश्लेषण करो → फिर निर्णय लो।

हर बड़ा बदलाव Comfort Zone के बाहर शुरू होता है।

मैंने भी जब नए कदम उठाए— तो डर था।

लेकिन मैंने एक बात समझी—

Risk नहीं... ignorance सबसे बड़ा खतरा है।

Rule 6: System बनाओ *(Freedom Machine)*

एक मजदूर भी मेहनत करता है...लेकिन वह अमीर क्यों नहीं बनता?

क्योंकि उसके पास सिस्टम नहीं होता।

Job आपको income देती है।

लेकिन—

System आपको Freedom देता है।

कुछ ऐसा बनाइए
जो आपके बिना भी चलता रहे।

- ✓ Business
- ✓ Investments
- ✓ YouTube Channel
- ✓ Digital Products
- ✓ Social Media Brand
- ✓ Automated Systems

जब आपका सिस्टम काम करना शुरू करता है...
तब आपकी आय आपके समय से अलग हो जाती है।

और वहीं से असली freedom शुरू होती है।

Rule 7: Consistency ही असली Superpower है

एक दिन का motivation... आपकी जिंदगी नहीं बदलता।

लेकिन—

रोज़ का छोटा disciplined action-
आपकी पूरी destiny बदल सकता है।

ज़्यादातर लोग talent से नहीं हारते... वे inconsistency से हारते हैं।

हर दिन 1% improvement...

एक साल बाद आपको उस जगह पहुँचा देगा,
जहाँ 99% लोग कभी नहीं पहुँचते।

Rule 8: Compounding को समझो

(Time is the Real Multiplier)

सबसे महंगी गलती क्या है?

"मैं बाद में शुरू करूंगा।"

Albert Einstein ने Compounding को

"दुनिया का आठवाँ अजूबा" कहा था।

लेकिन लोग इसे सिर्फ पैसों में समझते हैं।

सच्चाई यह है—

Compounding आपके—

- ✓ पैसे में
- ✓ Skills मे
- ✓ Habits में
- ✓ Reputation में
- ✓ Network में
- ✓ Confidence में

हर जगह काम करती है।

छोटा शुरू करो...लेकिन जल्दी शुरू करो।

क्योंकि—

समय ही असली multiplier है।

Rule 9: Financial Awareness रखो

अगर आपको यह नहीं पता—

आपका पैसा कहाँ जा रहा है...

तो आप कभी financially free नहीं बन सकते।

हर रुपये को काम दो।

- Track करो
- Plan करो
- Invest करो
- Optimize करो

Dave Ramsey कहते हैं:

"Tell your money where to go instead of wondering where it went."

Rule 10: सबसे ज़रूरी — Action लो

ज्ञान शक्ति नहीं है।

Applied Knowledge ही असली शक्ति है।

आपने इस किताब में बहुत कुछ सीखा है।

लेकिन असली बदलाव तब होगा—

जब आप पहला कदम उठाएँगे।

✓ पहला investment
✓ पहली saving
✓ पहला skill
✓ पहला content
✓ पहला business idea

याद रखिए—

Perfect moment कभी नहीं आता।
Action ही perfect moment बनाता है।

आखिरी सच

पैसा कमाना कठिन नहीं है।

लेकिन—

- ✓ पैसा संभालना...
- ✓ पैसा बढ़ाना...
- ✓ और पैसा multiply करना...

एक सिस्टम है।

और अच्छी बात यह है—

यह सिस्टम कोई भी सीख सकता है।

आज आप जहाँ हैं... वह आपके पुराने फैसलों का परिणाम है।

कल आप जहाँ होंगे... वह आपके आज के decisions तय करेंगे।

अब फैसला आपके हाथ में है—

क्या आप वही जिंदगी जीते रहेंगे?

या एक नया सिस्टम बनाकर अपनी दिशा बदलेंगे?

याद रखिए—

Financial Freedom कहीं बाहर नहीं है...
वह आपके अंदर लिए गए फैसलों में छुपी हुई है।

यह किताब खत्म नहीं हुई है।

यहीं से आपकी नई जिंदगी शुरू होती है।

अध्याय 17

Daily Habits for Wealth

(रोज़ की आदतें जो आपको अमीर बनाती हैं)

ज़िंदगी अचानक नहीं बदलती।

- ✓ कोई एक दिन...
- ✓ कोई एक motivation video...
- ✓ या कोई एक बड़ा फैसला...

आपकी पूरी जिंदगी नहीं बदलता।

असल बदलाव तब शुरू होता है
जब आप अपनी **रोज़ की आदतों (Daily Habits)** को बदलना शुरू करते हैं।

क्योंकि—

आपका भविष्य किसी एक बड़े निर्णय से नहीं... बल्कि उन छोटे निर्णयों से बनता है जिन्हें आप हर रोज़ दोहराते हैं।

हर इंसान के पास 24 घंटे होते हैं।

चाहे वह एक आम व्यक्ति हो...या दुनिया का सबसे अमीर इंसान।

फर्क सिर्फ इतना है—

कुछ लोग अपने दिन को control करते हैं...
और बाकी लोग दिन के हिसाब से बहते रहते हैं।

याद रखिए—

आपकी Daily Habits ही आपकी Destiny Design करती हैं।

Habit 1: सुबह की शुरुआत = पूरे दिन की दिशा

(Morning Clarity Ritual)

सुबह का समय सिर्फ उठने के लिए नहीं होता...
वह आपके दिमाग को दिशा देने का समय होता है।

सुबह आपका mind सबसे ज्यादा clear, fresh और receptive होता है।

लेकिन ज़्यादातर लोग दिन की शुरुआत कैसे करते हैं?

- Mobile scrolling
- Notifications
- Negative news
- Random distractions

और फिर पूरा दिन reactive mode में निकल जाता है।

सफल लोग ऐसा नहीं करते।

वे सुबह सबसे पहले अपने दिमाग को प्रोग्राम करते हैं।

हर सुबह सिर्फ 10–15 मिनट निकालिए:

- अपने goals के बारे में सोचिए
- आज के 3 सबसे important काम लिखिए
- अपने future version को visualize कीजिए

Rhonda Byrne कहती हैं:

***"आप दिन भर जैसा सोचते और महसूस करते हैं,
आप वैसा ही बनते जाते हैं।"***

अगर सुबह clear है... तो आपका पूरा दिन powerful हो जाता है।

Habit 2: रोज़ पैसे पर ध्यान देना

(Daily Money Awareness)

ज़्यादातर लोग पैसा कमाते हैं...

लेकिन उन्हें यह नहीं पता होता—

पैसा जा कहाँ रहा है।

और यही सबसे बड़ी financial mistake है।

छोटे-छोटे खर्च...धीरे-धीरे बड़े financial leaks बन जाते हैं।

इसलिए हर दिन अपने पैसे पर awareness रखिए।

- कितना आया?
- कितना गया?
- कहाँ गया?
- क्या वह expense जरूरी था?

Morgan Housel कहते हैं:

"Savings is the gap between your ego and your income."

जिस दिन आपको हर रुपये की direction पता चल जाएगी...

उसी दिन आपकी wealth building शुरू हो जाएगी।

Habit 3: रोज़ सीखने की आदत

(Daily Learning Habit)

आपकी income...
सीधे आपकी knowledge से जुड़ी होती है।

अगर आप रोज़ सिर्फ 20 मिनट भी सीखते हैं...

तो 1 साल बाद आप भीड़ से बहुत आगे निकल जाएंगे।

- ✓ किताबें पढ़िए।
- ✓ Audiobooks सुनिए।
- ✓ Courses सीखिए।
- ✓ New Skills सीखिए।

Robert Kiyosaki कहते हैं:

"If you want to be rich, you must become financially educated."

याद रखिए—

Learning बंद = Growth बंद

Habit 4: Skill Building

(Income Growth Engine)

आपकी income... आपके skills की reflection होती है।

अगर income बढ़ानी है... तो skill बढ़ानी पड़ेगी।

हर दिन खुद से पूछिए—

"मैं कौन सी skill सीख रहा हूँ जो मेरी income बढ़ाएगी?"

आज की दुनिया में सबसे powerful skills:

- ✓ Sales
- ✓ Marketing
- ✓ Communication
- ✓ Digital Skills
- ✓ Content Creation on Social Media
- ✓ Public Speaking
- ✓ Negotiation

Job आपको salary देती है...

लेकिन—

Skills आपको unlimited growth देती हैं।

Habit 5: Mindset Control

(Self-Talk & Subconscious Programming)

आपका 90% जीवन
आपके अवचेतन मन (Subconscious Mind) से चलता है।

यानी—

आपके ज्यादातर फैसले
आपकी अंदरूनी programming से आते हैं।

अगर अंदर की आवाज़ कहती है—

"मैं नहीं कर सकता..."

तो बाहर की reality भी वैसी ही बन जाती है।

Joseph Murphy कहते हैं:

"Your subconscious mind accepts what you repeatedly tell it."

यही कारण है कि Self-Talk इतनी powerful होती है।

NLP (Neuro-Linguistic Programming) का एक powerful principle है:

"Change your inner language, and your life will change."

इसलिए रोज़ affirmations बोलिए:

- ✓ “मैं capable हूँ।”
- ✓ “मैं wealth create कर सकता हूँ।”
- ✓ “मैं financial freedom deserve करता हूँ।”
- ✓ “मैं opportunities attract करता हूँ।”

धीरे-धीरे आपका mind नई identity स्वीकार करना शुरू कर देगा।

और वही आपकी नई reality बन जाएगी।

Habit 6: Pay Yourself First

(Daily Financial Discipline)

जैसे ही income आए—

सबसे पहले खुद को pay कीजिए।

बाकी दुनिया बाद में।

कम से कम:

10%–20% income
Investment और wealth creation के लिए अलग रखिए।

ज़्यादातर लोग क्या करते हैं?

- पहले bills भरते हैं...
- फिर shopping...
- फिर expenses...

और अंत में अगर कुछ बच जाए
तो saving करते हैं।

लेकिन अमीर लोग उल्टा करते हैं।

वे पहले invest करते हैं... फिर बाकी खर्च adjust करते हैं।

याद रखिए—

***अगर आप खुद को पहले pay नहीं करते...
तो आप कभी financially free नहीं बन पाएंगे।***

Habit 7: Consistency = Compounding का असली जादू

एक दिन की मेहनत...

कुछ नहीं बदलती।

लेकिन—

365 दिनों की consistency
आपकी पूरी जिंदगी बदल सकती है।

Albert Einstein ने Compounding को:

"दुनिया का आठवाँ अजूबा" कहा था।

लेकिन Compounding सिर्फ पैसों में नहीं होती।

यह आपके—

- ✓ Habits में
- ✓ Skills में
- ✓ Confidence में
- ✓ Relationships में
- ✓ Discipline में

हर जगह काम करती है।

Warren Buffett की wealth का सबसे बड़ा secret सिर्फ investing नहीं था...

Consistency + Patience

छोटा करो... लेकिन रोज़ करो।

अंतिम सच

आपकी आदतें ही आपकी पहचान बनती हैं।

अगर आप अपनी habits बदल लेते हैं...

तो आपको अपनी किस्मत बदलने की जरूरत नहीं पड़ेगी।

आपकी किस्मत खुद बदल जाएगी।

आज से क्या शुरू करना है?

- ✓ 10 मिनट — Morning Planning
- ✓ 10 मिनट — Daily Learning
- ✓ 10% Income — Investment
- ✓ रोज़ — 1 Skill पर काम
- ✓ हर दिन — Positive Self-Talk

याद रखिए—

Knowledge power नहीं है।
Applied Knowledge ही असली Power है।

अब सवाल यह नहीं है कि—

"क्या आप कर सकते हैं?"

सवाल यह है—

"क्या आप आज से शुरू करेंगे?"

अगले अध्याय में हम उन गलतियों को समझेंगे...

जो अच्छे-खासे कमाने वाले लोगों को भी
धीरे-धीरे Financial Downfall की तरफ ले जाती हैं।

अध्याय 18

Financial Mistakes

जो तुम्हें बर्बाद कर देंगी

(Silent Financial Mistakes That Destroy Wealth)

सफलता अचानक नहीं बनती...

वह धीरे-धीरे बनती है।
छोटे सही फैसलों से... अच्छी आदतों से...
और लगातार सही दिशा में उठाए गए कदमों से।

लेकिन बर्बादी...

वह चुपचाप आती है।

इतनी चुपचाप कि इंसान को तब तक पता भी नहीं चलता— जब तक बहुत देर नहीं हो जाती।

ज़्यादातर लोग गरीब इसलिए नहीं रहते, क्योंकि वे कम कमाते हैं।

वे इसलिए गरीब रहते हैं क्योंकि—

वे ऐसी गलतियाँ बार-बार दोहराते हैं
जो उनके भविष्य को अंदर से खोखला कर देती हैं।

Morgan Housel कहते हैं:

"Financial success is not a hard science.
It's a soft skill — how you behave matters more than what you know."

यही कारण है कि बहुत पढ़े-लिखे लोग भी financial stress में रहते हैं...

और कुछ साधारण लोग धीरे-धीरे wealth create कर लेते हैं।

फर्क income का नहीं होता... फर्क behaviour का होता है।

इस अध्याय में हम उन गलतियों को समझेंगे जो लोगों को सालों तक Rat Race में फँसाए रखती हैं।

Mistake 1: बचत को टालना

(The Illusion of "Later")

सबसे dangerous financial sentence क्या है?

"अभी खर्च कर लेते हैं... बाद में बचा लेंगे।"

लेकिन सच्चाई यह है—

"वह बाद में... अक्सर कभी नहीं आता।"

ज़्यादातर लोग saving को leftover money मानते हैं।

यानी—

जो खर्च के बाद बचे...उसे बचा लो।

लेकिन अमीर लोग उल्टा सोचते हैं।

वे पहले बचाते हैं...फिर बाकी खर्च adjust करते हैं।

Saving सिर्फ पैसा जमा करना नहीं है।

Saving आपको—

- ✓ तनाव से बचाती है
- ✓ डर कम करती है
- ✓ options देती है
- ✓ freedom देती है

कम से कम:

3–6 महीने का Emergency Fund हर व्यक्ति के पास होना चाहिए।

क्योंकि जिंदगी हमेशा predictable नहीं होती।

- Job जा सकती है...
- बीमारी आ सकती है...
- Business slow हो सकता है...

और ऐसे समय में—

Savings आपका financial oxygen बनती है।

Morgan Housel कहते हैं:

"Wealth is what you don't see."

यानी—

जो आपने खर्च नहीं किया...वही आपकी असली wealth है।

Mistake 2: सिर्फ एक Income Source पर निर्भर रहना

(Single Income Trap)

अगर आपकी पूरी जिंदगी सिर्फ एक income source पर टिकी हुई है...

तो आप एक बहुत कमजोर सिस्टम पर खड़े हैं।

Job सुरक्षित लग सकती है...

लेकिन—

वह आपकी freedom को सीमित भी कर सकती है।

Robert Kiyosaki कहते हैं:

"A job is a short-term solution to a long-term problem."

बहुत लोग पूरी जिंदगी एक salary पर depend रहते हैं।

और जैसे ही वह source रुकता है...उनकी financial stability हिल जाती है।

याद रखिए—

एक income source = एक point of failure

इसलिए Multiple Income Streams बनाना जरूरी है।

- ✓ Side Business
- ✓ Investments
- ✓ YouTube
- ✓ Digital Products
- ✓ Freelancing
- ✓ Rental Income
- ✓ Affiliate Income

जब income कई जगहों से आने लगती है...तब ज़िंदगी में डर कम होने लगता है।

Mistake 3: Lifestyle Inflation *(The Ego Trap)*

जैसे-जैसे income बढ़ती है...

वैसे-वैसे lifestyle भी बढ़ने लगता है।

- नई कार
- नया फोन
- बड़े brands
- महंगे restaurants
- EMI वाला lifestyle

और यही सबसे dangerous trap है।

लोग wealth build नहीं करते... वे सिर्फ rich दिखने की कोशिश करते हैं।

Morgan Housel कहते हैं:

"Savings is the gap between your ego and your income."

याद रखिए—

Assets आपको अमीर बनाते हैं।
Liabilities आपको व्यस्त बनाए रखती हैं।

दुनिया impress करने में लगी है...

लेकिन अमीर लोग quietly wealth create करते हैं।

Mistake 4: निवेश से डरना *(Risk of Inaction)*

सबसे common डर क्या है?

"अगर पैसा डूब गया तो?"

लेकिन असली खतरा हमेशा investment नहीं होता।

कई बार— सबसे बड़ा खतरा कुछ भी invest न करना होता है।

अगर पैसा सिर्फ बैंक में पड़ा रहे...

तो Inflation धीरे-धीरे उसकी value खा जाता है।

Robert Kiyosaki कहते हैं:

"Risk comes from not knowing what you are doing."

इसलिए investment का solution डरना नहीं है...

सीखना है।

Financial Education डर को confidence में बदल देती है।

जब knowledge बढ़ती है... तो decisions clear होने लगते हैं।

Mistake 5: गलत आदतों को "Normal" मान लेना

(Mental Programming Trap)

यह सबसे dangerous mistake है।

क्योंकि यह invisible होती है।

जब आप सालों तक एक ही negative beliefs सुनते रहते हैं...

तो आपका subconscious mind उन्हें सच मानने लगता है।

जैसे—

- "पैसा कमाना बहुत मुश्किल है।"
- "हम middle class लोग हैं।"
- "Risk लेना गलत है।"
- "अमीर लोग अलग होते हैं।"

धीरे-धीरे ये beliefs आपकी identity बन जाते हैं।

और फिर इंसान कोशिश करना भी छोड़ देता है।

याद रखिए—

आपकी जिंदगी बाहर से पहले अंदर बदलती है।

अगर mindset गरीब है... तो opportunities भी दिखाई नहीं देतीं।

समाधान क्या है?

अब सवाल सिर्फ समस्या समझने का नहीं है...

सवाल है—

"इसे ठीक कैसे करें?"

---

1. Pay Yourself First

Income आते ही— 10–20% investment के लिए अलग रखिए।

---

2. Multiple Income Streams बनाइए

कम से कम 2–3 income sources develop कीजिए।

---

3. Lifestyle Control कीजिए

दिखावे के लिए खर्च करना बंद कीजिए।

---

4. Financial Education लीजिए

क्योंकि—

Knowledge डर को खत्म करती है।

---

5. Mindset Upgrade कीजिए

अपने beliefs बदलना शुरू कीजिए।

क्योंकि—

आपकी financial reality
आपके mental programming का परिणाम है।

अंतिम सच

ये गलतियाँ छोटी लग सकती हैं...

लेकिन सालों तक दोहराने पर ये आपकी पूरी जिंदगी को सीमित कर देती हैं।

अगर आप इन्हें पहचान लेते हैं...

तो समझिए—

आपने आधी लड़ाई जीत ली।

याद रखिए—

गलतियाँ आपको बर्बाद नहीं करतीं...
उन्हें ignore करना आपको बर्बाद करता है।

अब सवाल यह है—

क्या आप वही गलतियाँ दोहराते रहेंगे?

या आज से उन्हें बदलना शुरू करेंगे?

अगले अध्याय में हम बनाएंगे—

आपकी नई जिंदगी का Blueprint

जहाँ पैसा
आपके लिए एक वफादार कर्मचारी की तरह काम करेगा।

अध्याय 19

नई ज़िंदगी का Blueprint

(Action Plan for Financial Freedom)

अब तक आपने पैसे के नियम समझे...
Mindset समझा...
Financial Psychology समझी...
और यह भी समझा कि—

पैसा सिर्फ कमाने की चीज़ नहीं है...
उसे संभालना, बढ़ाना और सही दिशा देना भी एक कला है।

लेकिन अब सबसे बड़ा सच समझिए—

सिर्फ ज्ञान आपकी जिंदगी नहीं बदलता।
Action + System + Consistency ही बदलाव लाते हैं।

बहुत लोग किताबें पढ़ते हैं...
Motivational videos देखते हैं...
Courses खरीदते हैं...

लेकिन उनकी जिंदगी नहीं बदलती।

क्यों?

क्योंकि—

जानकारी (Information) और Transformation में फर्क होता है।

अभिजीत कोलपकर सही कहते हैं:

"ज्ञान केवल संभावित शक्ति है;
असली शक्ति तब बनती है जब उसे लागू किया जाए।"

यही कारण है कि यह अध्याय सिर्फ motivation नहीं देगा...

यह आपको एक स्पष्ट Blueprint देगा—

जिसे आप आज से अपनी जिंदगी में लागू कर सकते हैं।

Step 1: Clear Vision

(स्पष्ट दृष्टि – आपका भविष्य कैसा दिखता है?)

अगर आपको यह ही नहीं पता कि जाना कहाँ है...

तो कोई भी रास्ता आपको सही मंज़िल तक नहीं पहुँचा सकता।

ज़्यादातर लोग जिंदगी जीते हैं...

लेकिन consciously design नहीं करते।

वे बस परिस्थितियों के हिसाब से बहते रहते हैं।

लेकिन successful लोग अपनी जिंदगी पहले दिमाग में बनाते हैं...

फिर reality में।

इसलिए सबसे पहले—

अपने future की साफ तस्वीर बनाइए।

अपनी आँखें बंद करके सोचिए:

- ✓ आप 5 साल बाद कहाँ रहना चाहते हैं?

- ✓ आपकी monthly income कितनी होगी?
- ✓ आपकी lifestyle कैसी होगी?
- ✓ आपका health कैसा होगा?
- ✓ आप किन लोगों के साथ रहना चाहते हैं?
- ✓ आपकी family कैसी जिंदगी जी रही होगी?

याद रखिए—

आपका दिमाग उस दिशा में काम करना शुरू कर देता है, जिसकी तस्वीर आप उसे बार-बार दिखाते हैं।

Visualization कोई magic नहीं है।

यह आपके subconscious mind को direction देने का scientific tool है।

अपने goals लिखिए।

क्योंकि—

जो goal लिखा नहीं गया... वह सिर्फ एक इच्छा (Wish) बनकर रह जाता है।

और जब भी आपका दिमाग कहे—

"मैं नहीं कर सकता..."

तो तुरंत सवाल बदलिए—

"मैं इसे कैसे कर सकता हूँ?"

यही सवाल- आपके दिमाग को problem mode से solution mode में ले जाता है।

Step 2: 30 Days Action Plan ***(नई जिंदगी की शुरुआत)***

बड़ी सफलता
एक बड़े jump से नहीं आती।

वह छोटे disciplined actions से शुरू होती है।

इसलिए अगले 30 दिन
आपकी जिंदगी की नई foundation होंगे।

Day : 1–7 Reality Check ***(सच्चाई का सामना)***

सबसे पहले—

अपनी financial reality को देखिए।

बहुत लोग अपने पैसों की सच्चाई से भागते हैं।

लेकिन—

जिसे आप माप नहीं सकते...
उसे आप बदल भी नहीं सकते।

लिखिए:

- ✓ आपकी monthly income कितनी है?
- ✓ हर महीने कितना खर्च होता है?
- ✓ कौन से expenses unnecessary हैं?
- ✓ कहाँ सबसे ज्यादा money leak हो रहा है?

याद रखिए—

Awareness ही transformation का पहला कदम है।

Day: 8–15 Foundation Build *(नई नींव बनाइए)*

अब आपको अपनी financial foundation मजबूत करनी है।

Rule 1: Pay Yourself First

Income आते ही—

कम से कम 10%–20% investment के लिए अलग रखिए।

बाकी दुनिया बाद में।

यह सिर्फ saving नहीं है... यह आपके future self को दिया गया सम्मान है।

Rule 2: Ego Control

सबसे dangerous खर्च कौन सा है?

दूसरों को impress करने वाला खर्च।

महंगी चीजें खरीदना आसान है... लेकिन wealth बनाना discipline मांगता है।

याद रखिए—

आप अमीर दिखने के लिए काम नहीं कर रहे...
आप सच में अमीर बनने के लिए काम कर रहे हैं।

Day: 16–30 Growth Start ***(अब Action शुरू करें)***

अब सिर्फ planning नहीं... Execution शुरू कीजिए।

- ✓ नई skill सीखिए
- ✓ Side income शुरू कीजिए
- ✓ Content बनाइए
- ✓ Investing सीखिए
- ✓ Networking शुरू कीजिए
- ✓ छोटा risk लीजिए

Perfect plan का इंतज़ार मत कीजिए।

क्योंकि—

Clarity action से आती है।
Overthinking सिर्फ confusion बढ़ाती है।

छोटा शुरू करना गलत नहीं है। शुरुआत ही न करना गलत है।

Step 3: System Building ***(Freedom Machine बनाइए)***

यहीं से असली खेल शुरू होता है।

ज़्यादातर लोग पूरी जिंदगी hard work करते हैं...

लेकिन system नहीं बनाते। और यही उनकी सबसे बड़ी गलती होती है।

अगर आपकी income सिर्फ आपके समय पर निर्भर है...

तो आपकी freedom हमेशा limited रहेगी।

आपका लक्ष्य होना चाहिए—

ऐसी income बनाना, जो आपके बिना भी आती रहे।

Assets बनाइए:

- ✓ Investments
- ✓ Business
- ✓ YouTube Channel
- ✓ Digital Products
- ✓ Rental Income
- ✓ Affiliate Systems
- ✓ Personal Brand

Income आपको चलाती है...

लेकिन—

System आपको आज़ादी देता है।

यही वह जगह है
जहाँ कर्मचारी (Employee) mindset-
Creator mindset में बदलता है।

Step 4: Daily Execution ***(रोज़ का Discipline ही Destiny बनाता है)***

Blueprint बनाना आसान है... लेकिन उसे रोज़ follow करना—

यही असली जीत है।

हर दिन:

- ✓ अपने goals याद करें
- ✓ कुछ नया सीखें
- ✓ थोड़ा invest करें
- ✓ अपने health पर काम करें
- ✓ अपने mindset को मजबूत करें
- ✓ अपने future पर काम करें

छोटा करो... लेकिन रोज़ करो।

यही छोटी consistency
धीरे-धीरे Compounding बनती है।

और Compounding सिर्फ पैसे में नहीं होती।

यह आपके—

- ✓ Confidence
- ✓ Skills
- ✓ Discipline
- ✓ Reputation
- ✓ Network
- ✓ Opportunities

हर चीज़ में काम करती है।

Step 5: Mistakes से सीखो ***(Growth Mindset का असली मतलब)***

गलतियाँ होना तय है।

कोई भी सफल इंसान
बिना गलतियों के आगे नहीं बढ़ा।

फर्क सिर्फ इतना है—

कुछ लोग failure के बाद रुक जाते हैं...

और कुछ लोग failure से सीखकर evolve हो जाते हैं।

डर को control कीजिए। Failure को feedback की तरह देखिए।

हर गलती
आपको एक नया lesson देती है।

अगर आप सीखने को तैयार हैं...

तो कोई भी failure permanent नहीं होता।

याद रखिए—

हारना समस्या नहीं है।
सीखना बंद कर देना समस्या है।

Final Formula

अब तक आपने जो सीखा—

उसे एक simple formula में समझिए:

Vision + Action + System + Consistency = Freedom

यह कोई motivational quote नहीं है।

यह एक tested blueprint है।

CHAPTER: THE ACTION BLUEPRINT - BUILDING THE NEW LIFE SYSTEM

अंतिम सच

ज़िंदगी बदलने के लिए
किसी miracle की जरूरत नहीं है।

आपको सिर्फ चाहिए—

- ✓ सही दिशा
- ✓ सही mindset
- ✓ सही habits
- ✓ और लगातार action

धीरे-धीरे...

आपकी सोच बदलेगी।
फिर आपके decisions बदलेंगे।
फिर आपकी आदतें बदलेंगी।
और अंत में—

आपकी पूरी जिंदगी बदल जाएगी।

आज फैसला लीजिए—

क्या आप सिर्फ पढ़ते रहेंगे? या अपनी नई जिंदगी बनाना शुरू करेंगे?

याद रखिए—

आपकी नई जिंदगी
आपके अगले फैसले से शुरू होती है।

अगले और अंतिम अध्याय में हम समझेंगे—

यह सिर्फ पैसा कमाने का खेल नहीं है...
यह पूरी जिंदगी को जीतने का Game है।

अंतिम अध्याय 20

यह सिर्फ पैसा नहीं... ज़िंदगी का Game है।

अगर आप यहाँ तक पहुँचे हैं...
तो इसका मतलब है कि आप सिर्फ एक किताब नहीं पढ़ रहे थे—
आप अपने अंदर छुपे हुए उस इंसान को जगाने की कोशिश कर रहे थे,
जो अब तक परिस्थितियों, डर और सीमित सोच के पीछे दबा हुआ था।

यह किताब सिर्फ पैसे की बात नहीं थी...
यह उस "अदृश्य प्रोग्राम" को बदलने की यात्रा थी,
जो बचपन से हमारे दिमाग में इंस्टॉल कर दिया जाता है।

इस यात्रा की शुरुआत किसी अमीर परिवार से नहीं हुई थी।
न कोई बड़ी विरासत थी... न कोई शक्तिशाली पहचान...

यह शुरुआत हुई थी गुजरात के एक छोटे से गाँव से—

- जहाँ खारा पानी था...
- सीमित संसाधन थे...
- और एक ऐसा बच्चा था,
- जिसे लोग उसकी क्षमता से नहीं... उसकी कमजोरी से पहचानते थे।

एक ऐसा बच्चा—

- जिसका शरीर पोलियो से प्रभावित था...
- जो बैसाखियों के सहारे चलता था...
- और जिसके बारे में लोग कहते थे—

"ये ज़िंदगी में क्या कर पाएगा?"

लोगों के लिए वह सिर्फ एक "बिचारा" था।

लेकिन उन्हें यह नहीं पता था कि
इंसान की असली ताकत उसके शरीर में नहीं... उसके विश्वासों में होती है।

उस समय मेरे पास दो रास्ते थे—

पहला—
लोगों की बातों को अपनी किस्मत मान लेना।

दूसरा—
अपने दिमाग के अंदर चल रही कहानी को बदल देना।

और सच कहूँ—
मेरी सबसे बड़ी लड़ाई पैसों से नहीं थी...

मेरी सबसे बड़ी लड़ाई मेरे अपने दिमाग के अंदर चल रही थी।

धीरे-धीरे मुझे समझ आया—

गरीबी सिर्फ जेब की स्थिति नहीं होती...
गरीबी सबसे पहले सोच में पैदा होती है।

जब इंसान बार-बार सुनता है—

- "हमारे बस की बात नहीं है..."
- "ज़िंदगी ऐसी ही है..."
- "ज़्यादा सपने मत देखो..."

तो ये शब्द सिर्फ आवाज़ नहीं रहते...
वे अवचेतन मन (Subconscious Mind) का हिस्सा बन जाते हैं।

और फिर इंसान वही जीने लगता है,
जिस पर उसने विश्वास कर लिया होता है।

जैसा कि Joseph Murphy कहते हैं—

"आपका अवचेतन मन वही सच बना देता है, जिस पर आप विश्वास करते हैं।"

जिस दिन मैंने अपने विश्वास बदलने शुरू किए...
उसी दिन मेरी ज़िंदगी की दिशा बदलनी शुरू हो गई।

धीरे-धीरे मैंने समझा—

- ✓ पैसा सिर्फ कागज़ नहीं है।
- ✓ पैसा एक विचार (Idea) है...
- ✓ एक ऊर्जा (Energy) है...
- ✓ एक सिस्टम (System) है...

और यह उसी इंसान के पास टिकता है,
जो उसे समझता है।

मैंने देखा—

कुछ लोग बहुत कमाकर भी हमेशा तनाव में रहते हैं...
और कुछ लोग सीमित आय में भी शांत और स्वतंत्र रहते हैं।

यहीं मुझे समझ आया—

असली फर्क income में नहीं... financial intelligence और mindset में होता है।

इस किताब में आपने सिर्फ पैसे के नियम नहीं सीखे...

आपने समझा—

- ✓ पैसा तो आता है... लेकिन टिकता क्यों नहीं।
- ✓ Lifestyle Inflation कैसे आपकी असली दौलत खा जाता है।
- ✓ EMI और दिखावा कैसे इंसान को "Rat Race" में फँसाए रखते हैं।
- ✓ क्यों अमीर लोग assets बनाते हैं...
  जबकि बाकी लोग liabilities खरीदते रहते हैं।

लेकिन सबसे महत्वपूर्ण सीख शायद यह थी—

- ✓ **आपकी आदतें...**
- ✓ **आपकी self-talk...**
- ✓ **और आपकी daily decisions...**

मिलकर आपकी financial destiny बनाते हैं।

ज़्यादातर लोग सोचते हैं कि, Game का अंत करोड़पति बनने पर होता है।

लेकिन अब शायद आप समझ चुके हैं—

यह Game पैसे का नहीं है...
यह Game खुद को Master करने का है।

क्योंकि—

जब आपकी सोच बदलती है... तो आपकी energy बदलती है...

जब energy बदलती है... तो आपके decisions बदलते हैं...

और जब decisions बदलते हैं...
तो धीरे-धीरे आपकी पूरी reality बदल जाती है।

Robert Kiyosaki कहते हैं—

"अमीरी पहले दिमाग में बनती है,

बाद में बैंक अकाउंट में।"

और यही इस पूरी किताब का सार है।

मेरी कहानी में कोई shortcut नहीं था।
कोई overnight success नहीं था।
कोई miracle नहीं था।

बस एक चीज़ थी—

मैंने हार मानने से इनकार कर दिया।

- मैं गिरा...
- डरा...
- Confuse हुआ...
- गलतियाँ भी कीं...

लेकिन मैं रुका नहीं। और यही फर्क बन गया।

अब सवाल मेरी कहानी का नहीं है...

अब सवाल आपकी कहानी का है।

आज आपके सामने भी दो रास्ते हैं—

पहला रास्ता:

वही पुरानी “चूहा दौड़”

जहाँ इंसान—

कमाता है → खर्च करता है → EMI भरता है → और फिर पूरी ज़िंदगी वही दोहराता रहता है।

दूसरा रास्ता:

जागरूकता (Awareness) का रास्ता

जहाँ—

- ✓ आप अपने पैसों को समझते हैं
- ✓ अपनी आदतों को नियंत्रित करते हैं
- ✓ अपने दिमाग को Reprogram करते हैं
- ✓ और धीरे-धीरे Financial Freedom की तरफ बढ़ते हैं

कोई भी इंसान एक दिन में अमीर नहीं बनता।

लेकिन हर इंसान एक दिन में फैसला जरूर ले सकता है।

और कई बार—
एक सही फैसला पूरी ज़िंदगी बदल देता है।

आज, अभी, इसी पल खुद से एक वादा कीजिए—

“मैं अपनी परिस्थितियों का शिकार बनकर नहीं जीऊँगा।
मैं अपनी ज़िंदगी का Creator बनूँगा।”

छोटा शुरू कीजिए—

- ✓ शायद 10% income बचाकर
- ✓ शायद रोज़ 20 मिनट सीखकर
- ✓ शायद एक नई skill सीखकर
- ✓ शायद अपने beliefs बदलकर

लेकिन शुरुआत कीजिए।

Morgan Housel कहते हैं—

"धैर्य और निरंतरता ही Compounding का असली जादू है।"

और यही जादू आपकी ज़िंदगी भी बदल सकता है।

एक आखिरी बात दिल से— आपका सबसे बड़ा Asset आपका बैंक बैलेंस नहीं है।

आपका सबसे बड़ा Asset आपका Mind है।

अगर आपका Mind मजबूत है—
तो आप बार-बार उठ सकते हैं।

लेकिन अगर अंदर डर, कमी और सीमित सोच है—
तो करोड़ों रुपये भी आपको सुरक्षित महसूस नहीं करा पाएंगे।

आज जो आपने पढ़ा... उसे सिर्फ Motivation बनाकर मत छोड़िए।

उसे Action में बदलिए।

क्योंकि—

ज्ञान शक्ति नहीं है...
Applied Knowledge ही असली शक्ति है।

Gautama Buddha ने कहा था—

"हम वही बनते हैं, जो हम सोचते हैं।"

इसलिए अब अपनी सोच को बदलो...
अपनी पहचान को बदलो... अपनी दिशा को बदलो...

और फिर देखो— कैसे आपकी पूरी ज़िंदगी बदलने लगती है।

यह किताब यहाँ खत्म नहीं होती...

यहीं से आपकी नई ज़िंदगी शुरू होती है।

याद रखिए—

यह सिर्फ पैसा नहीं...
यह आपकी पूरी ज़िंदगी का Game है।

और अब...

आप इस Game के खिलाड़ी नहीं...
बल्कि इसके Master बनने की राह पर हैं।

लेखक के बारे में (About the Author)

हरेश आर. पटेल एक साधारण परिवार से आने वाले, लेकिन असाधारण सोच रखने वाले व्यक्ति हैं—जिनकी ज़िंदगी संघर्ष, सीख और बदलाव की एक सच्ची कहानी है।

उनका जन्म 1979 में गुजरात के कच्छ जिले के एक छोटे से गाँव में एक किसान परिवार में हुआ। बचपन आसान नहीं था—कमज़ोर आर्थिक स्थिति और मात्र 3 वर्ष की आयु में पोलियो का सामना। जहाँ एक तरफ शारीरिक चुनौतियाँ थीं, वहीं दूसरी तरफ समाज की सीमित सोच—"यह क्या करेगा?" जैसे सवाल हमेशा उनके आसपास थे।

लेकिन परिवार उनका सबसे बड़ा सहारा बना। बड़े भाई ने कंधों पर बैठाकर स्कूल पहुँचाया, बहन ने पढ़ाई में मदद की, और माँ-पिता ने कठिन परिस्थितियों में भी उन्हें आगे बढ़ने की प्रेरणा दी।

अपनी मेहनत और दृढ़ निश्चय के दम पर उन्होंने फार्मेसी की पढ़ाई पूरी की और वर्ष 2002 में सरकारी अस्पताल में फार्मासिस्ट के रूप में अपनी सेवा शुरू की। यह एक स्थिर नौकरी थी, लेकिन अंदर कहीं एक सवाल हमेशा बना रहा—"क्या ज़िंदगी बस इतनी ही है?"

जीवन का असली मोड़ तब आया जब उन्होंने पैसे और सोच (Mindset) के विज्ञान को समझना शुरू किया। किताबों ने उनकी सोच बदल दी—और सोच ने उनकी दिशा।

उन्होंने YouTube पर "Health Rank"(@healthrank) और "Dharmik Gyan"(@dharmikgyan108) नाम से चैनल शुरू किया, जहाँ से उनकी पहली साइड इनकम शुरू हुई। इसके बाद उन्होंने अपने मित्र के साथ जन औषधि केंद्र शुरू किए, जो आगे चलकर multiple stores में बदल गए और उनकी passive income का आधार बने।

इसके साथ ही उन्होंने NLP (Neuro Linguistic Programming) का अध्ययन किया, जिसने उनकी सोच को नई दिशा दी और पुराने सीमित विश्वासों (Limiting Beliefs) को बदलने में मदद की।

आज हरेश पटेल सिर्फ एक सरकारी कर्मचारी नहीं हैं—वे एक learner, creator और thinker हैं, जो मानते हैं कि सही सोच और सही सिस्टम से कोई भी व्यक्ति अपनी ज़िंदगी बदल सकता है।

वे नियमित रूप से समाज सेवा में भी विश्वास रखते हैं—चाहे वह जरूरतमंद मरीजों की मदद हो या अपनी आय का एक हिस्सा दान में देना। उनका मानना है कि सच्ची समृद्धि केवल पैसे से नहीं, बल्कि देने की भावना से आती है।

उनका एक ही संदेश है:

"अगर मैं कर सकता हूँ... तो आप भी कर सकते हैं।"

📺 YouTube: Health Rank (@healthrank)
(जहाँ आप स्वास्थ्य, दवाइया और बीमारिया का ज्ञान और लाइफ स्टाइल से जुड़ी उपयोगी जानकारी पा सकते हैं)

📺 YouTube: Dharmik Gyan (@dharmikgyan108)
(जहाँ आप धार्मिक ज्ञान और जीवन की आध्यात्मिक उन्नति से जुड़ी उपयोगी जानकारी पा सकते हैं)

📺 YouTube: Haresh Patel (@hareshpatel10x)
(जहाँ आप शेर मार्केट में ट्रेडिंग कैसे करें? और कैसे एक सफल और Disciplined Trader बन सकते है। भारतीय शेर बाजार से जुड़ी उपयोगी जानकारी पा सकते हैं)

यह किताब उनकी ज़िंदगी के अनुभवों का सार है—
ताकि आप वही गलतियाँ न दोहराएँ...
और जल्दी वह सीख सकें, जो उन्हें देर से समझ आया।

आभार (**Acknowledgement**)

इस किताब को लिखना मेरे लिए सिर्फ एक प्रोजेक्ट नहीं था...
यह एक **यात्रा थी—संघर्ष से समझ तक, और समझ से परिवर्तन तक।**

सबसे पहले, मैं अपने **माता-पिता** का दिल से आभार व्यक्त करता हूँ,
जिन्होंने सीमित संसाधनों के बावजूद मुझे जीना, लड़ना और आगे बढ़ना सिखाया।
उनकी मेहनत और त्याग ही मेरी सबसे बड़ी प्रेरणा रहे हैं।

मैं अपनी **पत्नी और परिवार** का धन्यवाद करता हूँ,
जिन्होंने हर कठिन समय में मेरा साथ दिया,
मेरे सपनों पर भरोसा किया और मुझे कभी हार मानने नहीं दी।

मैं अपने **दोस्तों और साथियों**—खासकर उन लोगों का आभारी हूँ,
जिनके साथ मैंने सीखते हुए, जोखिम लेते हुए और सिस्टम बनाते हुए
इस सफर को आगे बढ़ाया।

मैं उन सभी **लेखकों और गुरुओं** का भी धन्यवाद करता हूँ,
जिनकी किताबों और विचारों ने मेरी सोच को नई दिशा दी—
उन्होंने मुझे सिखाया कि **ज़िंदगी बाहर नहीं, अंदर से बदलती है।**

और सबसे खास धन्यवाद—
आपको (Reader)

क्योंकि आपने सिर्फ इस किताब को पढ़ा नहीं...
आपने इसे महसूस किया, समझा और यहाँ तक पहुँचे।

याद रखिए—

ज्ञान तब तक अधूरा है,
जब तक वह आपके जीवन में बदलाव न लाए।
अगर इस किताब का एक भी विचार
आपकी सोच बदलने में सफल हुआ है...

तो यह मेरे लिए सबसे बड़ी सफलता है।

दिल से धन्यवाद...
आपकी नई यात्रा के लिए शुभकामनाएँ।

हरेश पटेल (Author)

The author would like to interest with you and have your feedback.

Get in touch and send him your reviews:

Email – hareshpatel10x@gmail.com

YouTube :

- ✓ www.youtube.com/@healthrank
- ✓ www.youtube.com/@dharmikgyan108
- ✓ www.youtube.com/@hareshpatel10x

Instagram: www.instagram.com/hareshpatel10x
Facebook: www.facebook.com/patelharesh5779

Thank You

विशेष संदेश (**Final Note to Reader**)

इस किताब को यहीं बंद मत कीजिए...
इसे यहीं से शुरू कीजिए।

आपने अब तक जो पढ़ा है, वह सिर्फ जानकारी नहीं है—
यह एक **नई सोच का बीज** है।
लेकिन याद रखिए, बीज अपने आप पेड़ नहीं बनता...
उसे रोज़ पानी देना पड़ता है।

ज़िंदगी में फर्क "जानने" से नहीं आता...
करने (Action) से आता है।

आज से, अभी से—
कोई एक छोटा कदम उठाइए:

- ✓ 10% income बचाइए
- ✓ 10 मिनट रोज़ सीखिए
- ✓ 10 दिन लगातार discipline रखिए

आपको तुरंत बड़ा बदलाव नहीं दिखेगा...
लेकिन यकीन मानिए—

धीरे-धीरे वही छोटे कदम आपकी पूरी ज़िंदगी बदल देंगे।

- ✓ कभी-कभी आप थकेंगे...
- ✓ कभी doubt आएगा...
- ✓ कभी लगेगा कि कुछ बदल नहीं रहा...

लेकिन उस समय यह याद रखना—

***"सही दिशा में लिया गया छोटा कदम
गलत दिशा में दौड़ने से कहीं बेहतर है।"***
आपकी परिस्थिति कैसी भी हो—

आप कहाँ से आए हैं, इससे फर्क नहीं पड़ता...

आप कहाँ जाना चाहते हैं—यह सब कुछ तय करता है।

और सबसे जरूरी—

खुद पर भरोसा रखिए।

क्योंकि अगर एक इंसान
संघर्ष, कमी और सीमाओं के बावजूद
अपनी सोच बदलकर अपनी ज़िंदगी बदल सकता है...

तो आप भी कर सकते हैं।

यह किताब एक अंत नहीं है...यह आपकी नई शुरुआत है।

अब सवाल यह नहीं है कि आपने क्या पढ़ा...
सवाल यह है—

आप आज क्या करने वाले हैं?

www.ingramcontent.com/pod-product-compliance
Lightning Source LLC
LaVergne TN
LVHW100309210926
848480LV00003B/1067
* 9 7 9 8 9 0 4 5 1 9 5 1 3 *